NORTH

북한을 읽는 해외 다큐멘터리의 시선들

더불어 세계시민사회로
나아가기 위한 시론

| 안숭범 지음 |

KOREA

산아사

목차

01
들어가기

(1) 북한을 만나는 한 방법

한국인에게 '북한'이라는 기표는 쉽게 왜곡되거나 과잉의 해석을 받을 수 있는 관념어에 가깝다. 일단 우리에겐 트라우마로 남은 역사적 체험이 존재하고, 어느 정도 고정화된 정치적 입장들이 존재한다. 북한에 대한 입체적 판단을 방해하거나 지연시키는 하고많은 선입견들이 존재하는 셈이다. 실제로 북한에 관한 제한된 정보들은 한국사회 내에서 선정적 소재화 과정을 거치기 십상이다. 그리고 그마저도 우리의 이념적 의식틀에 의해 다시 굴절되곤 한다.

이를테면 세계적으로 유례없는 3대 세습 과정에 대한 우리의 호기심 안엔 일정한 해석적 지향이 선재한다. 제대로 된 정치경험도 부족하고 한 국가의 지도자로 나서기엔 너무 젊게 느껴지는 김정은이 김정일의 자리를 대신한다 했을 때 우리 중 누군가는 의아해했다. 또 다른 누군가는 빈정거렸으며, 일부 사람들은 정색한 얼굴로 급변사태를 예상하기도 했다. 예외적인 반응을 보인 이들도 있겠지만 대체의 분위기는 그러했다. 김정은 집권 안정기에 접어든 지금도 그를 정점으로 한 북한 주민의 결집상황을 도저히 이해할 수 없는 '비정상성'의 증거로 폄하하는 시선이 우세하다. 이처럼 우리에게 북한은 오래된 편견에 뒤따르는 정서적 직관에 의해 이래저래 윤색되어 온 대상이다.

이 책은 그러한 편견에 대한 옳고 그름을 따지기 전에 북한을 '있는 그대로' 보는 작업부터 선행되어야 한다는 태도를 견지한다. 그 연장선에서 북한을 합리적으로 이해하기 위한 도구로서 외국 감독이 만든 북한 소재 다큐멘터리를 선별해 다루기로 한다. 추측할 수 있듯이, 한국과 북한 국적을 갖지 않은 감독이 만들었다고 해서 '있는 그대로의 북한'이 담겼으리라 단정하는 건 옳지 않다. 그러나 분단 상황을 부지불식간에라도 인식하며 살 수밖에 없는 우리와 그들은 다소 구별된다고 할 수 있다. 예컨대 북한의 군사도발을 의식하면서 의무복무를 하는 것이 당연시되는 한국에서 남자로 살아온 나와 한반도 밖에서 자유롭게 생활해 온 작가들은 사회주의·공산주의를 대하는 태도부터 다를 수 있다. 그들은 남북한의 정치적 관계와 그 변화상에 굳이 얽매일 필요도 없다.

한편 연구대상 중 분단의 직접적인 이해당사자에 속하는 재일동포, 재독동포의 작품들이 존재한다는 사실은 다른 설명이 필요할 것 같다. 그들은 한반도 바깥에서 '주변인'으로 살아왔다는 점에서 한반도 내에 거주하는 우리들과 다른 각별한 시선을 보여줄 수 있으리라 판단되었다. 그런 의미에서 이 책은 '북한을 읽는 제3의 눈'을 만나보자는 애초의 기획의도에 부합하는 작품들을 중심으로 연구대상을 특정했다. 북한 당국과의 사전·사후 교류의 흔적이 엿보이는 작품들도 일부로 몇 편 포함시켰다. 이는 그렇게 만들어진 영화 속에 북한이 '무엇을 드러내려 하는가', '무엇을 감추려 하는가'에 대한 암시가 담겨있을 수 있기 때문이다. 역설적이지만, 훈련된 수용자라면 그런 류의 작품에서 오히려 '있는 그대로'의 북한을 추측해낼 수 있을 것이다.

이 책을 집어든 독자라면 대부분 주지하고 있으리라 판단되지만, 다큐멘터리의 존재론적 특성에 대한 사전 이해도 필요할 것이다. 하고많은 영상 콘텐츠 중 다큐멘터리는 극적 재구성 작업을 거친다 하더라도 사회적 재현의 성격이 강한 게 사실이다. 그럼에도 다큐멘터리의 발화는 객관에 가까운 '사실'과 주관의 요소가 개입된 '진실' 사이 어딘가에서 '공감' 혹은 '설득'을 노리는 전략에 기초한다. 본고에서 분석대상으로 선정한 9편의 작품 역시 그러한 다큐멘터리의 존재론적 특징을 보여준다. 이 말은 이 책이 다루는 다큐멘터리들을 '객관', '사실', '재현', '반영'이라는 용어가 주는 신화에 완전히 기대어 볼 수만은 없다는 것이다. 요컨대 이 책을 읽는 과정에서 개별 작품에 허용된 주관적 시선의 틈입, 혹은 사적 진실의 공론화 순간에 대한 나름의 해석을 미리 요청한다.

사전 이해를 제고시키는 차원에서 덧붙이면, 앞으로 다루게 될 9편의 작품들은 김정일 집권 말기부터 김정은 시대로의 이행기, 김정은 체제 안정기에 제작된 것이다. 우리가 동시대를 표현하기 위해 흔히 사용하는 '2000년대 이후'라는 시간동안 북한은 정치사적으로 그런 변화를 경험했다. 연출자들의 국적을 보면, 네덜란드, 일본, 영국, 폴란드, 미국, 캐나다, 독일, 러시아 등 매우 다양하다. 그 때문에 그들의 시선은 배타적 이념질서가 작동하는 남북한의 권력장 안팎에서 다양한 위치를 점한다. 요컨대 이 책의 다큐멘터리들은 다원성, 복잡성, 상호의존성이 점증하는 세계정세 속에서 폐쇄적 타자화의 길을 자초해 온 북한을 입체적으로 조명하는 데 중요한 자료가 된다고 할 수 있겠다.

돌아보면, 단순 호기심 차원에서 북한 소재 다큐멘터리에 관심을 갖기 시작한 지는 꽤 오래 되었다. 그간의 고민을 정돈한 후 생산적인 논의를 책에 담아보려는 기획을 처음 꿈꾸게 된 때부터도 3년이 흘렀다. 3년이라는 기간이 그리 길지 않을 수도 있지만 충격적인 소식들이 매우 많았다는 생각이 든다. 개성공단 폐쇄, 고고도미사일 방어체계 사드(THAAD) 도입 결정도 갑작스러웠다. 4

차, 5차, 6차 핵실험은 한반도가 '분단'의 그늘 아래 있다는 것을 새삼 실감시켰다. 상대적으로 진보진영에 속하는 대통령이 한국에 새롭게 취임한 후에도 북한은 대륙간탄도미사일(ICBM) 시험 발사를 강행했다. 군사적 긴장 상태를 정치적으로 이용하려는 의지를 계속 천명한 것이다.

그러다가 2018년 2월 평창올림픽을 계기로 한반도 정세가 화해·협력 분위기로 급선회했다. 이 글을 쓰는 지금은 남북 양 정상이 이른 바 4.27 판문점 선언을 한 직후다. 문재인 대통령과 북한의 김정은 국무위원장은 핵 없는 한반도에 동의했고 연내 종전 선언을 약속했으며 남북공동연락사무소 개성 설치, 이산가족 상봉 실시를 합의했다. 한반도의 '완전한 비핵화'에 뜻을 모은 것은 적잖은 수확이다. 향후 불가역적이고 검증 가능한 수준으로 북한 핵이 완전히 폐기될 때까지는 시간이 걸리겠지만, 이 역시 조만간 있을 북미정상회담 등의 결과에 따라 근미래에 실현될 수 있으리라는 전망도 나온다. 이처럼 불과 1년 전만 해도 도저히 상상할 수 없었던 상황이 펼쳐지면서 북한은 가장 가깝지만 가장 먼 '우리 안의 타자'였다는 사실이 역설적으로 증명되었다. 그 때문에 지금 시점에서 북한 소재 다큐멘터리를 다시 본다는 의미는 통일시대를 준비하는 차원에서 새로운 가치를 지닌다.

미리 밝히면 제한된 관점에서 다소 추상적으로 진행된 논의였지만, 이 글과 직접적으로 연관되는 초석적 연구를 2016년에 수행한 바 있다.[1] 울리히 벡(Ulrich Beck)의 '방법론적 세계시민주의'에 기대어 한국인이 만든 북한 소재 다큐멘터리 3편과 외국인이 연출한 관련 다큐멘터리 3편을 무작위로 비평하는 작업이었다. 그 연구에서 점착시킨 주제를 좀 더 발전적인 방향으로 이어가기 위해 이 글은 다음 두 가지 관점에서의 보완작업을 거쳤다. 첫째, '세계시민주의'라는 거대한 개념어를 좀 더 구체화하기 위해 노력했다. 둘째, 여전히 미진하지만 개인, 공동체, 기술·제도적 환경의 관점에서 세계시민주의가 실현되기 위해 필요한 자질과 가치규범을 도출해보고자 했다. 그러했을 때, 여러 북한 소재 다큐멘터리가 다루고 있는 북한 사람, 북한사회, 북한정치와 제도의 문제적인 국면을 효과적으로 걸러낼 수 있으리라 판단되었다.

다시 말하지만, 이 책의 이론적 관점은 최근 들어 다양하게 집적되어가고 있는 '세계시민주의'에 기초를 둔다. 아직까지 세계시민주의는 관념적 지향이나 실천에 있어서의 태도 혹은 입장을 대변하는 개념에 가깝다. 바꿔 말하면 방법론적으로 적확한 틀이 될 수 없는 개념일 수 있다. 그럼에도 세계시민주의의 가능성을 다양

1. 안승범, 『2000년대 이후 북한 소재 다큐멘터리를 통해 본 '방법론적 세계시민주의'의 실현 가능성- 한국, 제3세계 연출작 간의 비교를 통해』, 경제인문사회연구회, 2016.

한 경로로 탐색한 학자들의 견해와 그들이 만든 개념어는 참고의 여지가 있다. 남북한 사이에 발생한 정치, 경제, 사회, 문화적 간극을 좁혀가기 위해서는 호혜적이고 당위적인 목표 설정이 필요하기 때문이다.

그런 맥락에서 이 책은 지금부터 콰메 앤터니 애피아(Kwame Anthony Appiah), 위르겐 하버마스(Jürgen Habermas), 앤서니 기든스(Anthony Giddens), 데릭 히터(Derek B. Heater), 크리스토프 멩케(Christoph Menke)와 아른트 폴만(Arnd Pollmann), 울리히 벡 등이 내놓은 견해를 숙고할 것이다. 유념할 것은, 이들의 논의가 현실 정치의 영역에까지 영향을 미칠 정도로 구체성을 갖기도 하지만, 세계시민주의에 대한 이상적·학술적 주장을 담아내는 경우도 많다는 사실이다.

북한의 세계시민사회로의 이행에 대한 제도적 실천 방안이나 정책적 설계에 대한 연구는 이 글의 관심이 아니다. 그것은 필자의 능력을 벗어나는 주제이기도 하거니와 세계시민주의의 현실적 적용에 대한 논의가 북한을 대상으로 실효성을 갖기는 쉽지 않다. 그래서 여기서는 국제사회의 바람직한 일원으로 북한이 바로 설 수 있는 가능성을 타진하는 데에 집중하고자 한다. 비록 소박한 수준이겠지만 세계시민주의의 가치를 개인, 공동체, 기술·제도적 환경의 관점에서 살펴보며 작금의 북한체제 안에 잠재된 모순들을 점검해 볼 순 있을 것이다. 그렇게 보면, 이 책은 인류가 공유해가야 할 보편가치로서 탈국가적 '세계시민(성)'의 자질과 조건을 의식하며 다큐멘터리 작품 속 북한사회를 비평적으로 통찰하는 데 의의가 있다고 할 것이다.

바라건대 북한 구성원들이 세계시민주의에 입각한 자율적 인간상과 어떤 '차이'와 '거리'를 갖고 살아가는지 헤아려 볼 수 있길 기대한다. 또한 이러한 사태가 초래된 이유와 과정이 무엇인지 생각해보고, 호혜적인 공존을 위한 향후 과제를 짐작해 볼 수 있길 희망한다. 더 나아가 통일시대를 염원한다면, 남북한 주민들이 지금부터 함께 지향해가야 할 세계시민성을 상상해볼 수 있었으면 좋겠다.

북한의 미래를 전망하는 건 여전히 지난한 일이다. 그럼에도 희망을 담아 섣부른 예측을 하자면, 이제 북한이 국제사회의 냉대와 제재, 압박에 맞서 '핵개발'이라는 최악의 카드를 꺼내들던 과거로부터는 돌아설 것으로 보인다. 국제사회의 일원으로 당당하게 서기 위한 노력에 나설 것으로 예상된다. 만약 그런 변화가 실현된다면, 이 글에 담긴 우려와 걱정, 기대와 바람은 긍정적인 출구를 찾을 수 있을 것이다.

안타깝게도 논지의 집중성을 고려하다보니 몇몇 다큐멘터리에 대해선 영화적인 설명이 상당부분 배제되었다. 또한 북한의 정치

구조나 제도에 대한 세밀한 지식이 부족하여 다큐멘터리의 내용을 더 촘촘하게 수렴하지 못한 부분도 눈에 띈다. 다른 무엇보다 '세계시민주의'의 개념의 적용 과정에서 실천적인 대안을 설계하는 데까지는 나아가지 못했다. 이러한 아쉬움을 극복하는 것은 후속 연구의 몫으로 남겨두고자 한다. 그럼에도 이 책이 '통일한국'을 상상해 봤거나, 상상할 기회를 갖길 원하는 독자들에게 유의미한 읽을거리를 제공할 수 있길 바란다.

(2) 무슨 작품을 어떻게 다룰 것인가

앞에서도 살짝 언급한 내용을 좀 더 구체적으로 밝혀 적기로 한다. 한국에 사는 사람이라면 대다수 동의할 것이다. 북한에 대해 이야기하기로 마음먹은 순간, 일정한 정치적 태도를 준비할 수밖에 없다는 사실 말이다. 그만큼 북한에 관한 의식적 판단은 그 대상이 무엇이든 간에 '정치적 자가 검열' 과정으로 이어지기 마련이다. 중요한 것은, 우리가 경험하는 '정치적 자가 검열' 과정이 상당한 정도로 유사성을 보일 수 있다는 점이다. 이는 직간접적으로 수용된 북한에 관한 역사적 공체험을 우리가 유사한 이념관, 정치관에 투과시켜 왔음을 말한다.

그런 면에서 이 책에서 다룰 다큐멘터리들은 좀 더 조명 받을 필요가 있다고 생각된다. 정도 차이가 있겠지만 이들 작품도 정치적 자가 검열 과정의 결과이거나 그 과정 자체를 전시한다고 할 수 있다. 그럼에도 이 책에서 언급될 다큐멘터리 감독들 상당수는 북한에 관한 역사적 이해가 우리와 상이하다. 북한에 대한 가치판단 기준, 의식화의 수준, 정치적 태도와 역사적 관점 등도 확연히 구별되는 편이다. 그래서 9편의 다큐멘터리를 꼼꼼히 살펴보는 동안 2000년대 북한의 실상이 좀 더 입체적으로 파악될 수 있으리라 생각했다. 여기서 '객관적'이란 말 대신 '입체적'이란 말을 쓴 이유를 좀 더 숙고해주면 좋겠다.

〈표1〉 연구대상 다큐멘터리 목록

제작년도	영화제목	연출자	연출자의 국적
2002	천리마 축구단	대니얼 고든	영국
2006	디어 평양	양영희	일본
2006	푸른 눈의 평양시민	대니얼 고든	영국
2008	요덕 스토리	안드제이 피딕	폴란드
2009	김정일리아	N. C. 헤이킨	미국
2010	북한을 가다: 홀리데이 인 평양(1, 2부)	앙드레 뒤퓌	캐나다
2015	태양 아래	비탈리 만스키	러시아
2015	평양연서	조성형	독일
2015	나는 선무다	아담 쇼베르그	미국

유념할 것은, 이상 열거한 다큐멘터리들을 연출한 9명의 감독들이 그들을 키워 준 국가의 평균적인 가치관이나 세계관을 지녔

으리라 단정해선 안 된다는 사실이다. 물론 감독들의 국적이 미국부터 러시아까지 다양한 스펙트럼을 가진다는 건, 의미가 있다고 생각한다. 북한을 스토리텔링하는 동기나 방식의 '차이'를 예상할 수 있기 때문이다. 실제로 '표 1'에 나열된 다큐멘터리들은 큰 틀에서 '북한'과 관련된 소재에 주목하지만 미시적으론 다른 관심을 수렴하고 있다.

이를테면 <천리마 축구단>을 연출한 영국 감독은 1966년 월드컵에서 센세이셔널한 결과를 남겼던 북한대표팀 선수들의 현재를 담아내려 한다. 피사체를 특정하는 과정, 인터뷰 내용으로 유추되는 의도 등을 유심히 살펴보면 감독이 최대한 비정치적인 입장을 견지하려 했다는 것을 알 수 있다. 그럼에도 촬영 및 편집 과정에서 북한정권을 의식하는 태도가 감지된다. 흥미로운 건, 이젠 노년의 신사가 된 당시 북한 대표팀 선수들의 회고적 진술에서 당시 북한 사회를 장악했던 의식체계가 읽힌다는 사실이다. 이를 비판적으로 재인식해보면, 배타적 공동체주의가 개인을 어떻게 구속하는가를 파악할 수 있다. 그들의 조작적인 의식질서는 북한사회를 장악하고 있는 '이념 주도의 정치학'을 전면적으로 체감시키는 셈이다.

<요덕스토리>와 <김정일리아>는 그러한 북한사회의 문제성을 더욱 첨예하게 보여준다. 이들 영화는 북한의 집단수용소 문제를

정면으로 다루면서 북한식 민주주의가 국제사회의 보편적 덕목들과 어떻게 불화하는지, 얼마큼 비정상적인지를 고발한다. <천리마 축구단>에서는 간접적으로 추측되는 북한사회의 고립성과 폐쇄성도 <요덕스토리>, <김정일리아>에서는 훨씬 직접적으로 가시화된다. 개방적 병존을 지향해가는 세계 여러 나라의 보편적 상황으로부터 북한주민이 얼마나 소외되어 있는지를 보여준다고도 할 수 있다. 다원화되어 가는 국제 질서 내에서 북한이 거부될 수밖에 없는 이유도 여러 지점에서 발견된다.

한편 <푸른 눈의 평양시민>, <북한을 가다: 홀리데이 인 평양>, <나는 선무다> 등은 북한 사회에 하나의 질서로 자리잡은 왜곡된 민족주의, 배타적인 애국주의의 폐해를 확인시킨다. 이들 영화는 세계시민이 갖춰가야 할 자질 중 하나인 탈국가적 시민성이 북한 주민들에게서 부정될 수밖에 없는 상황을 담아낸다. <푸른 눈의 평양시민>은 이미 종식됐다고 생각되는 '냉전'의 유산이 한반도에 어떤 형태로 잔존하는지를 보여준다. 1960년대 주한미군 신분으로 북한으로 월북해 살아 온 두 미국인 친구가 반세기 후 이념 대결의 표상이 된 현실이 <푸른 눈의 평양시민> 안에서 펼쳐진다. <북한을 가다: 홀리데이 인 평양>은 이 책이 다룬 북한 소재 다큐멘터리 중 가장 비정치적이며 심지어 무정치적으로 북한사회를 스케치한다고 말할 수 있다. 그럼에도 서구에서 온 여행객을 관리하고 감시하는 북한사회의 배타적 민족주의를 추론해 보는 건 어려운 일이 아니다. 마지막으로 <나는 선무다>는 프로파간다 미술을 하다가 탈북한 화가를 통해 국가와 이념의 경계를 넘어 자율적 예술활동을 해나가는 과정의 지난함을 보여준다.

마지막으로 <디어 평양>, <평양연서>, <태양 아래>는 앤서니 기든스가 상상한 세계적 민족주의가 당장 북한사회에서 불가능한 이유들을 품고 있다. <디어 평양>은 재일교포 2세 감독이 조총련계 간부출신 부모와 북송된 세 오빠 사이에서 겪는 내적 번민이 드러난다. 영화가 끝난 후 남는 여운엔 이념의 맹목성과 자발적 디아스포라의 비극이 스며있다. <평양연서>의 경우 체제 인준의 논리에 희생당한 개인사가 전시된다. 1950-1960년대 동독으로 유학 온 북한유학생과 결혼한 동독 여성들의 기구한 삶은 자기 폐쇄의 길을 밟아 온 북한의 역사를 반추하게 한다.

한편 <태양 아래>는 평양에 사는 소녀와 그의 가족을 포함한 주변 사람을 1년간 추적한 다큐멘터리다. 이 작품이 흥미로운 건, 영상이 촬영·편집되는 중 계속되는 북한 당국자들의 요구와 개입이 생생하게 담겨있다는 점이다. 예를 들어 주인공 진미가 '조선소년단' 활동을 하면서 김정일 생일 기념행사를 준비하는 과정을 촬영하던 감독은 자신이 지금 보고 있는 상당수의 사건들이 북한 당국자들의 인위적인 조작임을 알게 된다. 이후 감독은 북한당국의 감시를 따돌리면서 국가가 개별 주민들의 삶을 어떻게 통제하는지, 그리고 주민들과 공동체는 그러한 관습과 어떻게 타협하는지를 담담하게 보여준다. 결과적으로 이들 영화는 '우리식 사회주의'라는 왜곡된 지역시민성이 종교와 같은 권위로 작동하는 북한 시스템의 민낯을 까발리면서 북한 정치질서의 '세계시민적 개방'에 대한 성찰을 이끌어낸다.

다음 챕터에서는 동아시아의 지정학적 상황 속에서 한반도 통일시대를 상상하면서 북한과 우리에게 필요한 세계시민주의와 그 이상을 검토해보도록 하겠다. 특히 세계시민사회로 나아가기 위해 개인, 공동체, 기술·제도적 환경 차원에서 선행되어야 할 자질과 가치규범 등을 범주화해보도록 하겠다. 이는 다큐멘터리 작품들을 통해 파악되는 북한 주민의 의식과 일상, 공동체의 관습적·제도적 질서를 대차대조해보기 위한 선제적 작업이 될 것이다.

02

세계화와 ‘세계시민주의’

(1) 담론의 지형도 - '세계시민'과 '세계시민사회'

세계시민주의에 관한 담론의 확장은 자연스럽고 당위적이기까지 하다. 세계화의 자연스러운 흐름 속에 우리 모두가 올라타 있기 때문이다. 오늘날의 경제·사회적 환경 안에서 자본과 기술, 노동과 상품, 서비스와 정보 등은 주권의 영향력이 미치는 한계선이었던 국경에 영향 받지 않는다. 그로 인해 선진국과 후진국 사이에 나타날 수 있는 문화적·경제적 종속에 대해 우려하는 시선도 많지만, 그렇다고 시대의 흐름을 인위적으로 역행하기는 어려워 보인다. 그래서 우리는 디지털 문화가 가능케 한 초국적 소통의 장을 활용하면서 '시민사회의 세계화' 물결에 윤리적으로 동참해 갈 필요가 있다.

그런데 세계화는 우리에게 더 복잡하고 어려운 질문으로 들이닥쳤다. 개별 국가가 독자적으로 해결할 수 없는 위험요소들의 점증도 그 중 하나다. 실제로 우리는 초국적으로 해결 방안을 모색해야 하는 문제들이 늘어가는 상황을 목도하고 있다. 예를 들면, 9.11 사태 이후 더욱 복잡해진 테러리즘 문제, 구제역이나 조류 인플루엔자처럼 국경을 쉬이 넘으며 확산되는 대규모 가축전염병 문제, 전지구적 갈등으로 비약될 수 있는 국제 금융위기 문제 등은 단일 국가의 힘으론 완전히 해소할 수 없는 사안들이다. 또 앞서 언급한 불평등한 산업 재분배 문제, 약소국의 착취상태를 심화시킬 수 있는 국가 및 지역 간 경제구조 문제도 세계화의 어두운 일면이다. 체르노빌과 후쿠시마에서 벌어진 원전사고와 같은 대형재난은 물론이거니와 지구온난화나 사막화와 같은 환경문제 등도 관련국의 공동 대응이 필수적인 사안이다. 전쟁이나 국가 급변사태로 인해 생겨난 난민문제, 비인권국가나 차별주의 국가 주민들의 인권 침해 문제 등도 특정 국가의 책임으로 돌릴 수 없는 부분이 크다.

이처럼 전지구적인 파급력을 갖는 위험요인이 점증하면서 해결책 마련을 위한 담론장의 성격도 달라지고 있다. 이런 상황에서 세계시민주의는 일차적으로 국가와 민족 단위로 작동하기 쉬운 배타적 실리주의를 해결하는 데 도덕적·윤리적 참고점을 제공해 왔다. 더 나아가 국가 간 규약의 형태로 정책적 대안을 만드는 데에도 영향을 끼쳐 왔다.

우리는 지금도 국가 혹은 민족 단위의 이해관계가 복잡하게 얽히면서 발생한 국제적 위험들을 쉬이 마주한다. 반대로 위험이 발생함으로써 국가와 민족의 이해관계가 꼬여버린 상황들도 빈번하게 맞닥뜨린다. 이 경우 자국 우선주의는 위험을 합리적으로 분배하고 관리하는 데에는 최선이 아닐 수 있다. 이해가 다른 국가 간에 인정할 만한 세계시민주의 원칙이 존재해야 하는 이유, 그리고 그러한 원칙이 법적·제도적 규약으로(혹은 당위적인 가치규범으로) 작동해야 하는 이유는 그로부터 재환기된다. 국제적인 위협과 위험을 방어하는 차원에서라도 세계시민주의의 원칙이 필요하고, 실천적 힘으로 작동될 필요가 있는 셈이다.

오늘날 한국에서는 노동과 자본을 중심으로 부가가치를 창출하는 규모의 경제 모델이 구시대의 것으로 규정되고 있다. 실제로 정보통신 기술과 지식산업이 만나는 접지면에서 지식기반 기술경제 모델이 제안되고 있다. 우리의 일상을 들여다보면, '시공간의 압축'을 불러오는 디지털 기술의 영향력이 심화되면서 전지구적 소통문화가 정착한 듯 보인다. 정도 차가 있겠지만, 이제 종, 지역, 민족과 같은 구시대의 구심점을 벗어나 자신과 지역공동체의 삶을 전지구적으로 개방하는 사람들이 늘고 있는 것이다. 그 때문에 국가의 입장에서도 경제적·정치적 상호의존성의 증가를 외면할 수 없게 되었다.

이러한 엄청난 변화는 비단 한국에 국한된 상황이 아니다. 장기적인 관점에서 보면 일국주의에 입각해 국가 운영을 고수해가는 것은, 이제 어느 정부라도 불가능해 보인다. 콰메 앤터니 애피아(Kwame Anthony Appiah)는 이러한 상황에 동의를 구한 후 요청되는 가치덕목을 다음과 같이 요약한 바 있다.

> 전 세계적인 정보망, 즉 라디오, 텔레비전, 전화, 인터넷 덕분에 우리는 모든 곳에서 삶에 영향을 미칠 수 있을 뿐만 아니라 어디에서든지 삶에 대해 배울 수 있다. 우리가 알고 있는 영향을 줄 수 있는 개개인이 있다면 우리는 그에게 책임의식을 느껴야 한다. 즉 이것은 바로 도덕 이념을 긍정하는 것이다. 이제 우리의 당면 과제는 지난 수천 년 동안 지역의 주민으로 살면서 형성된 우리의 정신과 마음에 세계민족으로 살아가도록 해주는 관념과 제도를 갖추는 것이다. 우린 이미 세계민족이 되었다.[2]

인용문에서 애피아는 개개인의 대사회적 도덕성과 책임성의 회복을 우선시한다. 그 후에 세계시민사회를 위한 제도 정비를 논할 수 있다고 본다. 실제로 이제는 작은 공동체의 시민으로 귀속감을 누리며 살아가는 것도 중요하지만, 세계시민으로서의 정체성을 수용하고 그에 대한 가치덕목을 소유하는 일이 절실해졌다. 이 과정에서 유념할 것은, 윤리와 도덕에 있어서의 극단적 상대주의를 경계하는 것이다. 애피아의 견해를 경유해 말하면 다른 국가, 다

2. 콰메 앤터니 애피아, 실천철학연구회 역,『세계시민주의』, 바이북스, 2009, 19-20쪽.

른 종교, 다른 문화 속에 살아가는 사람에게 "우린 서로 다른 환경에 놓여 살고 있습니다. 당신은 당신의 세계에서 옳고, 나는 나의 세계에서 옳습니다."라고 벽을 세워선 안 된다.[3] 물론 그런 사고는 '차이에 대한 인정'이라는 윤리적 명분을 지닌 것처럼 보인다. 그러나 차이를 파생하는 경계 양편에서 소통없이 안주하는 동안 우린 공유할 수 있는 이상, 공론화해야 할 중요한 사안들을 잃어버릴 수 있다. 애피아는 바로 이런 극단적 상대주의로부터 대화의 불가능성, 건설적인 공론장의 성립 불가능성이 생긴다고 우려한다. 그러면서 다음과 같은 생각을 들려준다.

> 사람들은 흔히 상대주의가 우리를 관용으로 이끌 것이라고 생각하기 때문에 상대주의를 권고한다. 그러나 우리가 무엇을 생각하고 무엇을 느끼고 무엇을 행하는 것이 옳은지 서로에게서 배울 수 없다면, 우리 사이의 대화는 무의미할 것이다. 그와 같은 상대주의는 대화를 장려하기는커녕, 단지 우리를 침묵하게 할 뿐이다.[4]

개인적으로 애피아의 이러한 주장은 매우 광범위한 문화적 맥락에도 적용될 수 있다고 생각한다. 얼마 전, 이슬람 극단주의 무장단체인 IS(Islam State)가 이라크의 고대 유적을 무차별적으로 파

3. 콰메 앤터니 애피아, 실천철학연구회 역, 『세계시민주의』, 바이북스, 2009, 앞의 책, p.83.

4. 위의 책, 같은 쪽.

괴하는 모습을 뉴스로 접했다. 기원전 247년에 세워진 고대 파르티아 왕국의 요새 도시 하트라(Hatra)는 당대 동서양이 교류한 흔적을 고스란히 간직한 실크로드 교역의 중심지였다. 그런데 IS는 고대 아시리아 유적지인 님루드(Nimrud)를 파괴하고, 모술 박물관의 고대 석상과 조각품 90여 점을 망치로 부순 것도 모자라 하트라의 유려한 유산들을 철저하게 파괴해 버렸다. IS에게 하트라의 문화유산은 이슬람의 정신과 가치를 훼손하는 우상의 흔적일 뿐이었다. 바꿔말해 그들의 행위는 근본주의 이슬람인에게 '진리를 향한 헌신'으로 받아들여질 수도 있는 것이다.

그 뉴스를 보면서 개인적으로 이런 생각들을 했던 것 같다. '이슬람권에서 자라지 않았고, 이라크 국적이 아닌 내가, 더군다나 기독교인인 내가 IS의 실천을 어떻게 보아야 할 것인가', '그들이 이룬 문화권 바깥에서 살아가는 입장이기에 그들이 신봉하는 진리(그것이 극단적이라 할지라도)와 그 추구 과정을 놓고 당신도 당신이 속한 세계에서는 옳겠지요, 하는 것이 진정 윤리적인 태도인가', '그러한 상대주의적 태도가 그곳 지역민에게, 더 나아가 인류의 미래에 바람직하게 기여할 것인가'. 다소 극단적인 예를 들었지만, 이 사례를 통해 주장하고픈 바는 매우 단순하다. 도덕과 윤리의 공적 합의 과정에서만큼은 상대주의적 태도가 훨씬 더 신중하게 적용되어야 한다는 사실이다. 단도직입적으로 말하면, 도덕과 윤리에 관한 세계적 공론장을 건설적으로 추구해가고자 한다면 다른 지역, 다른 국가, 다른 문화권, 다른 종교의 가치를 존중하되 그 '다름'을 '대화 불가능성'이나 '합의 불가능성'의 차원에서 접근해선 안 된다.

그러나 세계시민사회에 대한 구체적인 모형을 합의해 가기 위한 세계적 공론장, 국제적 담론장을 만들어간다는 건 현실적 차원에서 매우 어려운 사안이라고 할 수 있다. 세계시민사회를 요약적으로 상상해보면, 세계화의 물결을 받아들인 '지구촌' 사회 내에서 서로 다른 민족적·종교적·문화적 전통을 상호인정하고 윤리적 공존을 모색하는 사회다. 타자의 '차이'에 대한 세심한 이해 속에서 호혜적 삶의 형식을 강구하고, 세계적 상식에 합의해가며 평화적인 인류 공영을 추구하는 사회다. 이때 각 개인은 그러한 지평을 향해 자신의 생존방식(현실논리)과 가치규범(이상)을 결합시켜 나가야 하며 다양한 국민 국가들은 더 큰 규모의 세계시민적 질서를 위한 제도적 기반 마련에 대해 동의해야 한다. 당연하게도 이 과정에서 더 지난한 갈등으로 이어질 수 있는 건 국가 간의 합의와 연대 문제다. 곧 국민 국가들이 합리적인 세계시민적 질서를 수렴해 나간다는 것, 특히 법적 관계들을 정립하고 수정해 나간다는 것은 결코 쉽지 않다.

이와 관련해 하버마스(Jurgen Habermas)는 칸트의 고전적 국제법적 질서에 대한 견해가 현실화될 수 있다고 믿었다. 일찍이 칸트는 개별 국가 단위로 시민적 입헌조직이 존재하듯이, 국가 간에도 서로의 권리를 보호할 수 있는 유사 입헌조직이 필요하다고 말한 바 있다. '만민 연합체'의 건설은 서로 다른 국민 국가들이 서로를 향해 요청해야 할 당위적 목표이기도 하다.[5] 주지하다시피 하버마스는 개인과 국가의 비판적 반성 능력을 전제하면서 상호이해를 목적으로 하는 공론장에서의 합리적 의사소통이 가능하다고 믿었다. 여기서 더 나아가 합리적 의사소통을 위한 자의식을 가진 주체라면 국가의 경계를 넘어 작동하는 보편적 헌법 질서를 상상하고 실현해낼 수 있으리라 확신했다. 이를 위해 국민국가가 오늘날과 같은 국제정치 무대에서 자기 역할과 소임을 다하기 위해서는 국내 정치문제의 전지구적 개방(국가 차원), 세계시민적 개방(개인 차원)에 대해 고려해야 한다고 말한다. 그러니까 하버마스는 세계시민권을 국제법적 질서 속에서 규범화하고 국제관계 내에서 효력이 발생되도록 해야 한다는 철학을 견지했다.

하버마스가 상상한 세계조직은 '세계공화국'이라는 국가형태를 지칭하지 않는다. 그는 기존의 국제법으로는 온전하게 아우를 수 없는 세계시민권, 곧 초국가적 시민권을 확대해가기 위해 국제법

5. Immanual Kant, *Zum ewigen Friden*, Frankfurt a. M. 1997, B30.

을 세계시민법 수준으로 끌어올리고자 했다. 이를 위해 그는 초국가적 지도부 아래에서 세계시민적 공동체의 구성원을 만들어내야 한다고 생각했다.[6] 그의 주장은 앞에서 소개한 애피아의 논의보다 좀 더 제도적인 차원의 논점을 포함한다. 세계시민사회의 규범들을 개인의 도덕적 역량에 기대지 않고 초국적 법질서 내에서 체계화하는 방안을 고민했기 때문이다. 이를테면 하버마스는 개별 국가들의 주권을 침해하지 않으면서도 전쟁 수단을 포기한 각 국가의 자율적 참여에 의해 회원국들의 상호공영을 추구하는 방식을 제안한다. 특기할 만한 것은, 특정 지역에서 인류 보편의 가치에 위배되는 무력사용, 명백한 인권침해가 벌어지고 있다면 그에 대해선 제도적 정비 이전에 국제사회의 긴급한 개입이 정당화되어야 한다고 말한 점이다.[7] 결국 이러한 주장은 실리에 따라 급변하는 국가 간 관계의 임의성과 주권 국가의 대외적 행위에 대한 자율성을 규범적으로 제한할 수도 있다는 생각을 담아낸다.

6. 양해림, 「세계시민주의와 세계시민권- 하버마스의 논의를 중심으로」, 『동서철학연구』 제74호, 한국동서철학회, 2014. 12, p.442에서 재인용.

7. 그는 코소보 사태 때 인종청소가 자행되는 상황에서 유엔 안전보장이사회의 승인 이전에 나토가 개입한 것을 지지한 바 있다. 이후 나토의 군사적 행동에 대한 논란이 일었지만, 하버마스는 '긴급구호행동'의 필요를 강조하면서 자신의 최초 판단을 바꾸지 않았다. Habermas, Bestialität und Humanität: Ein Krieg an der Grenze zwischen Recht und Moral, in: Merkel & Reinhard (Hg.), Der Kosovo-Krieg und das Völkerrecht, 2000. 51-65.

이러한 세계시민론의 현실적 실천 모델은 '세계정부 없는 세계내정'이란 용어로 설명되곤 한다. 특히 하버마스는 유럽연합(EU) 모델의 가능성과 한계를 동시에 언급하며 더 나은 단계의 세계시민사회에 대해 고찰해간다. 일찍이 하버마스는 '토의 민주주의'에 대한 구체적인 구상과 더불어 그 체제의 광범위한 정착, 곧 초국가 단위에서의 정착을 주장해 온 바 있다. 그가 유럽 헌법에 기초해 연방주의를 강화하자고 제안한 것도 '토의 민주주의'의 초국가적 실천과 다르지 않다. 유럽이라는 지역적 토대 내 구상이지만, 민주주의의 장을 확대하고 종교적 또는 종족적 동질성을 넘어서는 유럽 시민적 정체성을 구체화하고자 한 것[8]이다.

그런데 그가 볼 때 유럽연합은 경제공동체 모델로는 어느 정도 성과를 거뒀으나 정치적 차원에서는 초국적인 민주주의 단계로 나아가지 못했다. 그러한 문제의식에서 출발해 하버마스는 내부 국가들 간의 유연한 결속과 연대를 이뤄내기 위해 민주주의적 합리성에 기초한 유럽헌법이 절실하다고 보았다. 국제연합(UN)에 의한 입헌 국제질서 마련이라는 그의 제안도 그 연장선에서 생각해 볼 수 있겠다.

좀 더 부연하면, 하버마스는 현존하는 국제법에 지구적 헌법의

8. 김원식, 『하버마스 읽기』, 세창출판사, 2015, 224쪽.

위상을 부과하고 국제적 협의와 공조를 강화해갈 수 있는 길을 집요하게 찾았다. 전지구적 과제로 확산되고 있는 전쟁, 테러, 인권, 환경 문제 등의 사안에 합리적으로 대응할 수 있는 방법도 거기에 있다고 믿었다. 유념해야 할 것은, 하버마스의 논의가 개별 국가와 지역 공동체의 자율성, 고유성을 무시하는 차원에서 펼쳐지는 게 아니라는 점이다. 그는 항상 유럽연합을 비롯해서 그보다 더 작은 개별 국가 단위 및 지역 단위의 토의 민주주의 시스템을 존중했다. 그러한 지역공동체들이 초국가적 세계 공동체와 조화를 이뤄야 한다는 게 그의 소신이었다. 그는 공론의 영역에서 확정된 국제법이 지역 공동체의 장벽을 넘나들며 건실하게 자기 영향력을 확보할 때, 전 지구적 문제들이 실효적으로 해결될 수 있으리라 생각했다.

그런데 이 같은 세계시민사회에 대한 구상은 제안 내용의 구체성에도 불구하고 매우 단순한 차원에서 어려움에 봉착할 수 있다. 나와 내가 속한 공동체가 세계시민 사회를 향한 도덕적·윤리적 각오를 가졌더라도, 심지어 초국적 질서에 대한 협의 과정에 참여하기로 하였더라도 반드시 함께 연대해가야 할 이웃, 또 영향 관계에 놓인 다른 공동체가 같은 철학을 갖고 있지 않다면 실현가능성이 애초에 차단되기 때문이다. 그래서 냉정하게 말하면, 세계시민담론은 언제든지 그 자체로 허상이 될 수 있고, 과잉의 쟁점으로 폄하될 수 있다.

이 역설은 북한을 둘러싼 동아시아 정세에서도 발생한다. 예컨대 한국에서 세계시민사회에 대한 현실적 방안을 고민할 때, 일단 북한을 의식하지 않을 수 없다. 최근 개최된 남북정상회담과 북미정상회담이 북한사회의 놀라운 진전으로 다가오지만, 여전히 그들은 폐쇄적 이념 공동체로 존재하는 게 사실이다. 북한이 국제법을 뛰어넘는 세계시민법에 대한 구상에 적극적으로 동참할 가능성도 현재로서는 그리 높지 않다고 판단된다. 여기에 중국과 일본의 북한을 둘러싼 정치적 셈법이 완전히 다르다는 것을 고려하면, 평화적 공영을 위한 동아시아 시민사회 건설 역시 간단한 사안이 아니다. 동아시아의 복잡한 역사적 맥락을 떠올려보면 '인권'이라는 보편적 가치에 대해서도 정치적으로 접근할 가능성이 크다고 생각된다.

'그럼에도 불구하고' 세계시민사회를 향한 가치규범을 우리 자신부터 내면화해 가야 한다면 지금 당장 무엇을 준비할 수 있을 것인가. 이 책에 대한 최초 기획은 사실 그 질문으로부터 출발했다. 그런데 곧바로 동아시아의 현 상황 속에서 세계시민사회로의 전환을 이야기한다는 게 허황된 꿈처럼, 그러니까 과잉의 쟁점처럼 느껴졌다. 다른 주변부의 문제들을 차치하고라도 북한정권에 대한 신뢰가 어려웠다. 변화의 징후가 분명함에도 불구하고 북한은 그동안 동아시아를 넘어 세계정세에 예측 불가능한 위험요인으로 존재해 오지 않았는가. 그런 생각 끝에 한국이 세계시민사회의 일원으로 제대로 된 역할을 해나가기 위해선 '세계시민적 개방 상태'라는 이상으로부터 북한 사회가 얼마나 동떨어져 왔고, 어떻게 문제적인지를 검토해야 했다. 어쩌면 이 논점에는 바람직한 통일한국의 면면을 구상하는 문제가 이미 포함되어 있다. 우리는 북한이라는 예측하기 힘든 집단을 당장은 원만하게 소통해야 할 이웃으로 초청해야 한다. 또 언젠가는 '우리'라는 가족 구성원으로, 더 나아가 세계의 가족 구성원으로 맞아들여야 한다.

북한과의 평화로운 공존을 떠올릴 때마다, 더 나아가 통일의 가능성을 상상할 때마다 곧바로 부닥치게 되는 '난관'이 있다. 북한 정권의 통치방식과 정치 시스템이 다양성의 차원에서 용인될 수 있는 '차이'로 여겨지지 않기 때문이다. 물론 한국의 사회문화적 정서에 기초해 북한을 일방적으로 위치지우면서 교조적 계몽과 일방적 개혁의 관점으로만 접근하는 것도 문제가 있다고 할 수 있다. 북한 사회 밑바닥에 자리한 관습, 제도, 일상의 메커니즘 안에도 존중해야 할 지역적 가치들이 존재할 수 있다. 어쩌면 그러한 생각 중 일부는 믿음의 영역에 속할 수 있다. 그러나 그러한 믿음이 때로는 상대와의 대화 가능성을 지속해가는 데 중요한 초석이다. 의미있는 공론장을 구축해가기 위해서는 그러한 포용의 자세가 필요하고 그 자세야말로 건설적인 논의의 출발점[9]이 될 수 있다. 이후 우리가 해나가야 할 것은, 북한 주민들의 의식과 관념, 일상의 행위들을 둘러싼 북한 사회의 제도화된 규제 틀을 보편적 인권의 차원에서 해명해 보는 것이다. 이는 세계시민사회로의 진입을 방해하는 북한 내 요인들을 바닥에서부터 찾아보는 방식이기도 하다.

앤서니 기든스의 세계시민론은 세계시민성과 지역시민성이 상충되지 않고 함께 추구될 수 있는 길을 모색한 것에 의의가 있다. 특히 그의 '세계적 민족주의'라는 개념은 그러한 이상에서 비롯되었다고 할 수 있다. 세계적 민족주의 개념을 요약적으로 말하면, 개인이든, 국가든 특수한 목적에 충일한 지역적 폐쇄화를 경계해야 한다는 것, 동시대를 장악하고 있는 보편적 획일화의 흐름으로부터 스스로를 지키는 것 등을 포함한다. 기든스는 그러한 이상적 아젠다가 전혀 불가능한 것이 아니며, 환경적으로 그 기반 조건이 조성되고 있다는 점을 강조한다.

> 세계는 더 이상 두 개의 군사화된 권력 블록으로 나뉘어 있지 않다. 민족 간의 경계는 거의 어디서나 국제적 합의에 의해 고정되었고 승인되었다. 정보화 시대에 영토는 과거의 국민국가에서처럼 그렇게 중요하지 않다. 지식과 경쟁력이 자연 자원보다 중요하다. 그리고 주권은 점점

9. 안승범, 앞의 책, p.13.

> 모호해지거나 다중적이 되었다. 민주주의는 점점 확대되었다. 민주주의 국가들은 결코 서로 간에 전쟁을 하지 않는다는 생각에는 진실이 존재한다. 결국, 세계는 19세기 말의 기간을 포함해서 이전보다 훨씬 서로 상호 연관되어 있다.
> 이러한 배경에 비추어, 국가적 그리고 범세계적 관할이라는 쟁점들을 연계시키는 것은 더 이상 유토피아적이지 않다. 왜냐하면 그것들은 이미 긴밀하게 관련되기 때문이다.[10]

기든스의 세계시민주의의 토대가 되는 세계적 민족주의 개념을 더 소상히 살펴보기 위해서는 그의 근대성 담론부터 이해해야 한다. 특히 그가 '근대성의 성찰성(reflexivity of modernity)'이라는 표현으로 파악한 현대사회의 특징에 대해 다시 조망해 볼 필요가 있다. 그는 중세 이후 유럽에서 확립된 제도적 시스템을 바탕으로 근대성의 성격을 검토한다. 특히 그는 화폐, 달력, 지도와 같이 시공간을 순차적으로 재배열하는 '탈각화 기제(disembedding mechanism)'에 의해 후기 근대성으로 넘어가는 계기가 형성되었다고 본다. 그러면서 그는 후기 근대성의 특징을 '근대성의 성찰성', 곧 성찰적 근대성으로 본다. 후기 근대성이 발현된 사회에서는 분리되었던 공공영역과 사적영역이 변증법적으로 재접합되는 게 특징이다.

기든스는 그의 주저 『제3의 길』에서 20세기 후반 서구사회에 대

10. 앤서니, 기든스, 한상진·박찬욱 역, 『제3의 길』, 생각의 나무, 1999, pp.207-208.

한 분석을 바탕으로 미래사회 모델을 합의해가는 데 있어서 딜레마로 남겨진 다섯 가지 문제들을 논파한다. 이를테면 그는 지구화 혹은 세계화(globalization), 개인주의(individualism), 좌파와 우파(left and right), 정치적 행위(political agency), 생태적 문제들(ecological problems)에 대한 대안적 전망을 찾아간다. 그 중 세계화의 물결에 대한 기든스의 이해는 세계시민사회에 대한 그의 입장을 파악하는 데 중요하다. 그가 볼 때, 현대사회의 가장 큰 변화는 세계시장의 광범위한 형성으로부터 촉발된다.

오늘날 국민국가 영역을 벗어나 시장이 형성되고 자본이 오가면서 초국적인 국제금융자본이 큰 권력을 얻게 되었다. 여기에 동서냉전 시대가 종식되면서 정치이념에 따른 권력 블록이 깨지게 되었고 그에 따라 강력한 정치적·군사적인 대립 양상이 해체되기에 이른다. 이제 유럽연합(EU), 아세안(ASEAN)과 같은 국제적 협력기구들이 국가 간 협약에 기초해 제한적으로나마 힘을 갖게 되었다. 또 세계무역기구(WTO), 국제통화기금(IMF)과 같은 무역과 경제 교류에 관련된 기구들이 개별 국가의 이해관계를 실질적으로 조정해가는 상황에 이르렀다.[11] 이러한 상황에서 우리는 지역적 관할을 감당하는 기구들과 범세계적 관할을 맡은 기구들의 구심력

11. 앤서니 기든스, 앞의 책, pp.208-209.

아래에 놓이게 되었다. 따라서 우리는 정치경제적 친연성이 높아진 국제 질서 속에서 경합과 연대를 동시적으로 수행할 수밖에 없다.

이처럼 초국적 자본을 비롯한 몇몇 계기에 의해 세계화의 물결은 국제적 공론장의 중요성을 돌출시켰다. 인접 국가들 간의 연합체로서 지역 단위별 정치 협력 기구들이 늘어난 것도 눈에 띈다. 앞에서 언급한 것처럼 과학기술의 발전, 특히 정보통신 기술의 눈부신 진화에 따라 개인과 사회의 커뮤니케이션 방식이 급속하게 변모한 점도 세계적 민족주의의 기반이 된 것으로 보인다. 커뮤니케이션 기술의 광범위한 규제력·확장력에 의해 정치, 사회, 경제 제도의 재구조화 작업이 가속화된 것이다. 이처럼 다층적인 계기에 의해 범세계화의 물결이 형성되자 민주화의 확산 혹은 개방도 불가피하게 되었다. 개인의 자율성이 높아지면서 성찰적 세계시민의 토대도 구축된다.

그러나 기든스는 세계주의라는 원심력과 민족주의라는 구심력이 쉬이 조화를 이룰 것이라고 생각하진 않았다. 하나의 예로 그는 신자유주의로 통칭되는 시장근본주의에 세계화의 흐름을 맡겨둘 때 발생할 수 있는 문제점들을 지적한다. 그 대안을 찾는 과정에서 민족의 세계주의적 해석이 필요하다는 결론에 이르게 되는 바, '세계적 민족주의'는 시민사회의 건강성이 세계를 대상으로 확대된 경우를 의미한다. 이 과정에서 세계적 민족주의의 이상적 실천을 위해 국민국가 단위로 작동하는 시민권법이 초국적 단위에서 재정립될 필요성이 있을 것이다. 초국적 의제들이 함께 논의될 수 있는 다원주의에 기반한 지역기구들, 협력적 국제기구들 간의 조화도 필수적이다.

이즈음에서 우리는 북한정권이 선보여온 위협적 대결주의의 실체를 재고할 필요가 있다. 북한사회는 기든스가 말한 '세계적 민족주의'의 이상과 엄청난 낙차를 갖는 폐쇄적이고 기형적인 민족주의에 지배당해 왔다. 최근 김정은의 행보가 급격한 전환처럼 여겨지는 가장 큰 이유는, 기존의 북한정권이 국제사회의 상식에서 얼마나 벗어나 있었는지를 반증한다고 할 수 있다. 사실, 김정은 정권으로 계승된 북한의 통치 질서는 왕조시대에나 존재했을 법한 혈통 순수주의에 기초한다. 그것만으로도 북한은 동아시아, 혹은 국제사회의 틀 안에서 예외적 특수성을 가진 집단으로 논의될 수밖에 없다. 북한정권의 존립과 유지를 위해 개발된 논리들 안에 국제사회를 향한 위험요인이 잠재되어 있기도 하다. 그래서 북한과 연루되어 있는 국가들의 경우 예상되는 위험을 관리·분배해나가려는 상생의 태도가 요청된다.

이 지점에서 벡이 완성하지 못한 '방법론적 세계시민주의' 개념을 응용해 보아도 좋겠다. 방법론적 세계시민주의는 북한 사회 내부에 점증하고 있는 불안요인을 해결해가는 과정에 유익한 관점을 부여한다. 특히 북한과 정치적으로 긴밀한 관계에 놓인 국가들에게 향후에도 언제든지 불거질 수 있는 위험들을 어떻게 분배하고 관리해갈 것인가에 대한 시사점을 제공한다. 이 개념은 국제적인 위험 불평등에 맞서 어떻게 판단하고 활동할 것인가를 되묻는 대안적 용어라는 인상이 강하다. 바꿔 말해 벡이 고안한 방법론적 세계시민주의는 '진단', 곧 북한 사회의 현상황에 대한 실체적 파악에 방점이 놓이는 개념이 아니다. 재차 말하면 주변국가, 또는 관련 국가들이 북한 문제에 공동 대응해가는 데 있어서 방법의 효율성을 도모해야 한다는 실천적 압력에 다름 아니다.

위험사회에 관한 벡의 성찰을 보면, 위험의 결정자 혹은 파생자와 그 결과로 피해를 입는 자들 사이의 경계가 불일치하는 상황으로부터 논의가 시작된다. 중국에서 발생한 미세먼지가 한반도에 지대한 피해를 입히는 것도 그 예가 될 수 있다. 그러면서 국경을 초월하여 활동하는 대항권력의 가능성과 실천 방안에 대해 구상한다. 그가 주창한 '방법론적 세계시민주의'는 그러한 실효적 논의를 요청한다고 할 수 있다. 만약 북한의 핵실험 오류나 미사일 오발사 등으로 인해 우리에게 예기치 않은 피해가 닥쳤을 때를 생각해 보자. 재빨리 수습책을 마련한다고 해도 그때는 이미 늦다. 평소에 재난 관리 시스템을 완비해놓지 않는다면, 이미 야기된 혼란을 단기간에 불식시키는 것은 거의 불가능하다.

북한 문제를 배제하고 잠시 한국의 상황을 살펴보면, 우리는 급속 산업화에 의한 위협요인이 편재하는 사회에 살고 있다. 성장과 개발 논리를 앞세운 국가주도의 산업화를 거치는 동안 한국사회는 '안전'에 대한 성찰을 충분히 할 수 없었다. 그도 그럴 것이, 지금 한국의 중년층, 노년층은 국가의 최우선 과제였던 외형적 경제성장 중심의 근대화에 오래도록 복무해 왔다. 경제적 실리추구라는 명분에 정치와 기술과학이 보조를 맞추는 동안, 한국사회가 내부의 위험을 관리할 틈이 없었다는 점은 다양한 사례로 확인된다. 그러한 문제들 중 상당수는 합리적 근대성의 기획으로 포장되거나 용인되어 왔다.

그처럼 국가주도의 개발·성장 담론은 한국 사회 내에서 최근까지도 매우 강한 관성을 드러내 왔다. 벡이 말한 성찰적 근대성의 기획, 곧 위험사회에 대한 대안적 사고가 결여된 국가 정책들이 여전히 시행되고 있기 때문이다. 단편적인 예를 들면, 공정하고 엄밀한 환경영향평가를 배제한 채 추진된 4대강 개발 사업, 지진 안전지대가 아니라는 것이 확인된 상황에서도 공론화의 기회가 적었던 원전 확장정책 등은 한국사회의 어두운 면을 그대로 드러내보인다.[12] 주한미군의 사드 배치도 레이더에 의한 전자파 피해

12. 최근 문재인 정부가 이른 바 '탈원전'에 대한 비전을 밝히면서 관련 문제가 새

관계 등이 충분히 설명되지 않은 채, 여론 분열 상태에서 다소 빠른 속도로 진행되고 있는 점을 부인하기 어렵다.

그러나 울리히 벡은 이제 "산업사회의 형태로 승인된 근대성의 기획이 그 형태 내에서도 제도적으로 축소"[13]되었다고 말한다. 그러면서 그는 산업사회를 촉진시켰던 시스템으로부터의 전환을 강하게 주장한다. 그가 말하는 위험사회에 대한 개념은 "부의 분배와 위험분배의 양립불가능성 및 그 '논리들' 간의 경쟁"이라는 표현에서 그 단초가 확인된다. 과학과 정치에 의해 주어지는 속박을 해체해야 한다[14]는 주장도 눈여겨 볼 필요가 있다. 그는 개인과 사회의 기술 선택 가능성이 커지는 상황에서 계산 불가능한 방식으로 증폭될 수 있는 사회적 위협요인에 더 면밀히 대응해 가야 한다고 말한다. 이는 합리적 근대성의 시대에서 성찰적 근대성의 시대로 이행해가기 위해 필요한 전제라고 할 수 있을 것이다. 그 연장선에서 보면 북한을 향한 성찰적 근대성의 적용은 더욱 시급한 사안이라할 수 있다. 국가단위의 노력을 넘어서 광범위한 관련 주체들의 참여를 요청한다고 할 것이다.

참고로 벡의 견해에서 '성찰적 근대성'이란 기존 사회의 기획과

로운 국면으로 접어들고 있다.

13. 울리히 벡, 홍성태 역, 『위험사회』, 새물결, 2006, p.244.

14. 위의 책, 245-246.

질서를 연장한다기보다는 단절적으로 극복하는 의미가 크다. 이는 앞에서 언급한 기든스의 견해와 질적으로 구별되는 것이다. 기든스의 '근대성의 성찰성(reflexivity of modernity)' 개념은 기존 사회 질서의 비판적 계승 정도로 파악되기 때문이다. 기든스에게 세계화의 경향과 세계시민사회로의 이행은 이미 근대성의 개념 안에 어느 정도 전제[15]되어 있다고도 할 수 있을 것이다. 그렇다면 북한사회의 변화를 이야기할 때 벡의 세계시민론에 주목한다는 것은 획기적인 국제적 공론장의 마련을 의도하는 것일 수 있다. 이 글은 그 같은 단절적 변화의 계기가 절실하다는 데 심정적으로 동의한다.

한편 데릭 히터(Derek Heater)의 세계시민주의 개념은, 그가 네 가지로 분류한 세계시민의 양태에서 추론할 수 있다. 그에 따르면, 20세기에 활발하게 논의된 '세계시민'의 유형은 다음과 같이 구분된다. 첫째, 막연한 수준에서 인류 공동체의 일원으로 자기를 정식화하며 살아가는 세계시민, 둘째, 세계 정부의 수립과는 무관하게 지구적 의식과 지구적 책임감을 지닌 존재를 꿈꾸는 세계시민, 셋째, 개인이 속한 국가보다 높은 수준의 도덕 법칙을 상정하고 그에 구속되어 살아가는 세계시민, 넷째, 세계정부를 건설하기 위해 구

15. 홍찬숙, 「세계사회, 지구화, 세계시민주의 사회학- 루만, 기든스, 벡의 세계화 관련 논의 비교」, 『한국사회학』 50권 4호, 한국사회학회, 2016. 8, p.138.

체적 실천을 행하는 능동적 세계시민[16]이 있을 수 있다는 것이다.

각각의 세계시민 유형은 나름대로 유의미한 쟁점을 낳는다.[17] 먼저 생각해 볼 것은, 첫 번째와 네 번째 세계시민 유형의 경우 일반적인 '세계시민주의' 담론 안에 포함되기 어렵다는 사실이다. 그도 그럴 것이, 첫 번째 유형은 다분히 관념적 차원에서 느슨하게 자기 귀속감의 대상을 확장한 형태에 해당한다. 네 번째 유형의 경우엔 전지구적인 규제력을 갖는 전체주의적 정치질서를 요청하는 쪽으로 실현될 우려도 없지 않다. 아울러 개별 국가와 민족의 자율성을 침해함으로써 크고 작은 분쟁을 야기할 소지도 있다. 그 때문에 보편적인 세계시민주의 담론에서 상정하는 세계시민 개념은 두 번째와 세 번째 유형 사이 어느 선일 가능성이 크다.

한국사회의 현단계를 진단해 보면, 우리는 세계시민으로서의 자아 정체감을 어느 정도 수용해가는 과정에 있다고 판단된다. 기술 수용력과 생활환경에 따라서 개인별·지역별로 정도 차가 존재하겠지만, 상당수의 시민들은 이미 범세계화 된 일상을 누리면서 물리적·관념적으로 더 큰 세계를 의식하며 그 구성원이라는 인식

16. Derek Heater, World Citizenship and Government: Cosmopolitan Ideas in the History of Western Political Thought, Macmillan Press, 1996, p.170.
17. 데릭 히터의 견해에 대한 해석 부분은 다음 논문을 참고. 최연식, 임유진, 「정치시민, 세계시민, 그리고 군자시민」, 『사회사상과 문화』 19권 2호, 동양사회사상학회, 2016. 6, p.43.

속에 살아가고 있다.

통일한국 시대가 열리면, 우리가 곧바로 껴안아야 할 북한주민들에게 '세계시민'이라는 의식 지평은 매우 생경한 것일 수 있다. 그들이 신봉해 온 이념질서가 '민족'이라는 테두리 내에 매우 견고하게 결속되어 있기 때문이다. 이 말인즉, 그들이 세계시민주의의 이상을 이해하고 수용하기까지 굉장히 복잡한 과정을 경험할 수 있다는 것이다. 데릭 히터는 마사 너스봄(Martha Nussbaum)의 세계주의 논변을 경유해 개인이 귀속감을 갖는 대상 범주를 다음과 같이 설명한 바 있다.

> 너스봄은 말하자면 동심원 속의 삶이라는 스토아식 개념을 언급하고 있다. 사실 그 개념은 현대에 들어 이례적으로 대중적 관심을 끌게 되었다. 대략적으로 말해 그 개념은, 우리는 가족이라는 긴밀한 관계에서부터 인류 전체라는 먼 관계에 이르기까지 다중적인 정체성과 충성심을 갖는다는 내용이다. 현대적인 용어로 말하자면, 지방, 국가, 유럽연합(해당 지역의 경우), 종교지부 그리고 세계가 이러한 기하학적 유형 속에 있는 것으로 그려질 수 있다.[18]

그렇다면 배타적 민족주의 아래에서 생각과 행동을 인준 받아온 북한 주민들은 더 넓은 세계의 구성원이라는 상상을 하지 못

18. 데릭 히터, 김해성 역,『시민교육의 역사』, 한울아카데미, 2007, pp.455-456.

하는 상태라고 할 수 있다. 흥미로운 것은, 가장 친밀한 유대감으로 동질화되는 '가족'에 대한 귀속감만큼 '국가'라는 관념에 대한 충성도가 높을 수 있다는 사실이다. 그러니까 북한 주민들은 인용문 속 '동심원 속의 삶' 중에서 '국가'라는 테두리가 행사하는 비정상적인 구속력을 당연스럽게 받아들이며 살고 있다. 사실상 '국가'의 이름으로 테두리 안과 밖에 놓인 다른 유형의 가치를 희석시키는 의식화가 가열찬 곳이 북한 사회다. 따라서 북한 주민들의 세계시민화 가능성을 제고하기 위해서는 이미 종교화 된 일국주의 체제의 허상부터 희석시켜 나가야 한다.

마지막으로 크리스토프 멩케(Christoph Menke)와 아른트 폴만(Arnd Pollman)은 보편적 인권 차원에서 세계시민권에 접근한다. 그에 따르면 세계시민권의 국가적 구상과 민주주의적 구상은 서로 다른 체계로 이해된다. 특히 후자는 미래 북한사회의 바람직한 모델을 모색하는 데 중요한 영감을 준다. 요약적으로 말하면, 세계시민권의 민주주의적 구상이란, 민주주의의 세계시민적 개방을 전제로 한다. 그에 따르면 진정한 민주주의는 그 안에 내재된 가치와 이상에 따라 개별 국가라는 제한된 지평을 넘을 수 있고 또 넘어야만 한다. 이를 위해선 모든 인간이 평등한 세계시민으로서의 권리를 가진다는 데 동의해야 한다. 또 개별 국가들은 민주적 자기통치행위를 해나가되 구성원이 내부 공동체의 시민일 뿐만 아니라 세계의 시민이라는 사실을 실천적으로 인지해야 한다.

물론 북한의 현 실정으로부터 세계시민권의 민주주의적 구상 단계를 밝힌다는 건, 다소 사치스러운 상상일 수 있다. 이를테면 북한식 민주주의의 문제적 실체는 국가 폭력의 일상화에서도 찾을 수 있다. 그럼에도 불구하고 내부로부터의 문제제기가 거의 이뤄지지 않는다는 점도 지적되어야 한다. 북한 사회 전반의 실정을 정확히 알긴 어렵지만, '최대한'의 시민권이 아니라 '최소한'의 인권이 먼저 걱정되는 사건들을 우린 자주 목격해 왔다. 그 때문에 세계시민으로서 북한을 향한 초국적 활동을 해나갈 기회를 얻는다면, 민주주의의 최소 원칙을 무시하면서 자국 시민들의 인권을 함부로 짓밟는 상황을 간과해선 안 된다. 북한정권이 '통치'라는 명목으로 행하는 국가 폭력에 어떻게 대응해야 할지를 고민해야 하는 셈이다. 이와 관련해 멩케와 폴만은 다음과 같은 논의를 개진한 바 있다.

> 시민들의 인권을 무시하는 독재적이고 대외정책적으로 공격적인 정권이 실제로 민주적 법치국가와 똑같은 국제정치적 인정을 받을 자격이 있는가? 만약 그렇지 않다면 '존중할 만한' 국가와 '존중받을 수 없는' 국가 사이의 경계를 정확히 어디에 그어야 하는가? 그리고 이로부터 어떠한 국제법적 결과가 발생하는가?
> 이러한 류의 경계 긋기는 불량국가나 실패국가, 또는 '불법정권'으로 분류되는 모든 국가들에게 국제적 제재가 부과되거나 또는 이들이 국제

> 법적 협력의 관계망으로부터 배제되는 정치적 결과를 낳을 수 있다. 또는 (이것이 훨씬 더 강한 결론일 것이다) 이러한 불법국가들이 자신의 잘못된 행위를 통해 주권에 대한 국제법적으로 보장된 권리를 상실한다는 견해에 도달할 수 있다. 우리가 전자의 좀 더 약한 견해를 지닐 경우에는 이 국가들에게 최소한 내부적 자기결정에 대한 권리는 허용할 것이다. 우리는 단지 대외적인 협력을 제한하거나 끝낼 것이며 이 국가들이 폭력적으로 침범하지 못하도록 스스로를 지킬 것이다. 그렇지만 그들의 내부 문제에는 간섭하지 않을 것이다. 그러나 우리가 후자의 좀 더 강한 신념을 지니고 있다면 (그것이 인권의 이름으로 수행되건 그렇지 않건) 인도적 개입이나 심지어 군사적 개입조차도 정당한 것으로 보일 수 있다.[19]

국제사회는 최근 국제연합 등의 합법적 결의를 거쳐서 간헐적으로 대북제재의 수위를 높여 왔다. 한때 미국이 북한을 '불량 국가(rogue state)'라고 낙인찍었던 행위가 정당한 것인지 여부를 차치하고서라도, 북한에 대한 국제사회의 태도는 여전히 우호적이지 않은 것이 사실이다. 바꿔 말하면 국제사회가 합의한 민주적 법치국가로서의 기준이 불분명하지만, 북한은 국제법적으로 보장된 권리를 평화롭게 누릴 수 있는 도덕적 정치시스템을 갖추지 못했다는 평가가 우세하다. 그렇다면 앞에서 인용한 멩케와 폴만의 논

19. 크리스토프 멩케, 아른트 폴만, 정미라·주정립 역, 『인권 철학 입문』, 21세기북스, 2012, pp.245-246.

의는, 어떤 원칙에 의해 북한을 압박하고 대응해야 하는지, 더 나아가 어떤 명분과 절차에 의지해 북한 내부 문제에 실질적으로 개입할 수 있는지에 대한 우리의 판단을 요청한다고 할 수 있다.

지금까지 북한정권의 실태를 의식하면서 '세계시민'과 '세계시민주의'에 관한 다양한 담론을 살펴보았다. 앞에서 열거한 이론적 스펙트럼 내에서 구체적인 착안점을 도출하는 작업은 다음 장에서 진행하기로 하고, 2008년 방한한 울리히 벡이 우리에게 했던 충고를 되짚어보고자 한다. 당시 벡은 한 대학 강연에서 북한과 인접해 있는 한국이 특수한 위험사회라는 사실을 강조한 바 있다.[20] 그의 분단 상황에 대한 이해가 어느 정도였는지 판단하긴 어렵지만, 그는 남북관계의 특수성을 일정 부분 파악하고 있었고, 북한 변수가 성숙한 근대화와 경제 발전에 막대한 영향력을 행사할 수 있다는 걸 짚어냈다. 북한 변수로 인한 위협이 점증할 것에 대비하기 위해 국제정치망을 매개로 조절 능력을 길러야 한다는 주장도 펼쳤다. 그러면서 그는 독일이 지불한 통일 비용의 규모와 성격을 설명하며 실질적인 조언을 아끼지 않았다. 한국도 높은 실업률, 경제침체 장기화의 위험 등을 떠안을 공산이 크기에 사전에

20. 이하 설명은 다음 기사 참고. 송원영, 「울리히 벡 "숭례문 화재 등 한국사회 잠재된 '위험' 보여줘"」, 『세계일보』, 2008. 4. 1.

충격을 최소화할 수 있는 장치를 마련해야 한다고도 주장한 바 있다.

지금도 대북 문제는 안보, 국방의 영역에서만 다뤄지는 게 아니다. 단적으로, 북한이 야기하는 핵무기 위협, 미사일 위협, 테러 위협 등은 군사력 증강의 동력이 되는 과학기술 영역의 문제로도 연결된다. 북한이 야기하는 위협들을 하나씩 일별해보면, '세계위험사회'를 진단할 때 벡이 열거한 사례들 상당수가 호출된다. 단언컨대, 북한 문제는 초국적인 협력을 전제로 관련 주체들의 관계망 안에서 풀어가야 할 숙제다. 최근 큰 진전을 본 북한의 핵폐기에 대한 논의 역시 미국과 중국을 포함한 관련국들의 긴밀한 공조 속에서 이뤄낸 성과다. 한국이 북한으로부터 야기될 수 있는 위험을 관리하고 조절하는 우선적인 입장에 서야 하겠지만, 사안에 따라 반드시 그런 것도 아니다. 그래서 통일한국이 국제사회의 일원으로 제 구실을 해나가는 그림을 그려본다면, 북한정권을 존중하면서도 북한이 야기하는 복잡다단한 문제를 관리하려는 태도가 중요하다. 그에 앞서 북한의 실상을 객관적으로 이해하기 위한 노력이 선행되어야 하는 바, 이 글에서 다룰 다큐멘터리들이 미력이나마 그 부분을 도울 수 있을 것이다.

(2) 세계시민사회를 위한 자질과 토대

북한 주민들의 일상이 가장 실체적으로 전해지는 통로 중 하나는 탈북민들의 증언을 중심으로 진행되는 방송 프로그램들이다. 이들 콘텐츠는 이른바 예능오락 프로그램 포맷으로 방영되는 경우가 많다. 그 때문에 다소 자극적인 소재가 과장된 형태로 전달되기도 하지만, 그러한 정황을 미리 감안하고 보면 북한사회에 대한 유의미한 정보가 주어지는 경우도 있다. 탈북민 출연 방송으로부터 북한 주민들의 삶을 어림해보면, 북한 주민 상당수가 상대적으로 매우 열악한 인권 환경 속에서 살아가고 있는 것으로 보인다. 인권을 자유권, 사회권, 연대권으로 구분하여 미시적으로 살펴보더라도 어느 것 하나 평균적인 수준으로 보장받고 있다고 느껴지지 않는다. 더 큰 문제는 대부분의 북한 주민들이 지금의 상황을 비정상적이라고 인식하지 못하고 있거나, 그 심각성을 제대로 이해하고 있지 못하다는 점이다. 하물며 그들의 삶에서 정치적 자율성을 기대한다는 것은 대단히 어려워 보인다.

역설적인 말이지만, 그러한 방송을 접할 때마다 세계시민주의에 대한 북한주민들의 내면화 가능성이 읽혔던 것도 사실이다. 한국 사회에 빠르게 적응하는 탈북민들이 꽤 많다는 것이 큰 위안이 되었던 것이다. 그럼에도 우리는 계획적·절차적으로 북한의 점진적인 개혁·개방을 의도해가야 한다. 김정은 체제가 안정기에 접어들었고, 희망적인 변화의 바람이 불고 있는 게 사실이지만 급변사태의 위험이 전혀 없는 것은 아니다. 사실 북한 급변사태는 남북한 주민들의 안정된 미래가 동시에 걸린 문제다. 그 때문에 당장은 북한주민들이 겪고 있는 빈곤 문제를 국제적 공론장으로 끌어낼 명분과 방안을 찾아야 한다. 유사시에 이르러 사회통합 방안을 찾는다는 건 더욱 지난한 과제가 될 수 있다. 또한 중요한 것은, 북한의 영토권이나 국가주권과 달리 주민들의 인권 문제는 인도적 개입의 가능성이 상대적으로 열려 있다는 사실이다. 다른 무엇보다도 북한 주민들의 안타까운 삶에 대한 윤리적 책임의식을 갖는 것은 우리에겐 도덕적 양심의 문제일 수 있다.

이 같은 문제의식을 바탕으로 과거에 수행한 시론적 성격의 연구[21]에서 몇 가지 풀어가야 할 논점을 도출한 적 있다. 당시의 연구가

21. 안승범, 앞의 책.

학문적으로 빼어난 결실을 냈다고 보긴 어렵지만 그때 의식했던 질문들은 지금도 되새겨봄직하다.

> 첫째, 북한사회의 특성을 공존 가능한 '지역시민성'의 범주에 넣을 수 있을 것인가?
>
> 둘째, 자율적 병존을 위해 북한주민에게 필요한 '보편적 공공화 원칙'은 무엇인가?
>
> 셋째, 통일 교육 차원에서, 또 민간 교류 차원에서 북한에 우선적으로 적용되어야 할 세계시민적 가치규범은 무엇인가?
>
> 넷째, 민주주의의 세계시민적 개방을 위해 한국과 주변 국가들은 북한에 어떻게 접근해야 하는가?[22]

이상의 네 질문은 북한사회에 내재해 있는 변화 가능성을 찾으면서 북한주민들의 삶과 그들이 모여 이룬 사회가 보여주는 '차이'를 생각해보려는 의도를 담아낸다. 이러한 입장은 "신뢰할 수 있는 세계시민주의자라면, 차이에 대한 존중을 실제 인간에 대한 존중과 조화시킨다"[23]는 에피아의 견해를 수용하는 것이다.

그렇다면, 세계시민사회를 위해 우리가 지녀야 할 자질과 환경적 토대에 대해 성찰해보기로 하겠다. 먼저 우리는 지역적 가치에 대한 인정과 보편적 가치에 대한 추구를 조화시켜야 한다. 온당한

22. 안승범, 앞의 책, p.19.
23. 콰메 앤터니 에피아, 앞의 책, p.207.

세계시민이라면, 내가 속한 집단과 공동체의 특수성에 자부심을 가지되 같은 방식으로 타인이 속한 사회의 특수성을 존중할 수 있어야 한다. 그리고 그러한 존중은 범세계적 수준에서 통용될 만한 양심과 도덕의식에 기초해야 한다. 이는 '세계적 민족주의'를 현실에서 실천해가기 위한 토대가 될 수 있다. 그런 관점에서 북한만의 특수한 이념체계와 통일 이후 한국의 상황을 고려하면서 국제사회와의 조화 가능성을 타진해가야 한다.

둘째, 그럼에도 불구하고 윤리와 도덕에 있어서는 극단적인 상대주의를 경계해야 할 것이다. 주지하다시피, '차이에 대한 인정', '다양성의 추구'는 문화적 타자성(cultural otherness)에 바탕을 둔 온당한 관용의 자세를 일컫는다. 그런데 당위적 가치에 합의해가려는 정신은 그보다 우선한다. 곧 공존의 전제로서 연대의식을 강조하는 것도 그만큼 중요하다. 이러한 주장은 그 배면에 다음과 같은 역설, 혹은 모순을 포함한다.

> 우리 자신의 가치를 위해 다른 사회에 개입해서는 안 된다는 상대주의의 권고와 실증주의의 신조 사이에는 어떤 단절이 있다. 실증주의의 설명에 따르면, 우리가 어떤 것의 가치를 높이 평가하는 것은 대체로 모든 사람들도 그것을 원하기를 우리가 바라기 때문이다. 그리고 그런 경우라면, 가치란 어떤 의미에서 자연히 제국주의적이다. 실증주의의 토대 위에서 다른 문화에 대한 관용을 주장하는 것은 자기모순인

것처럼 보인다.[24]

이러한 딜레마의 출구를 찾자면, 도덕과 윤리의 영역에서 만큼은 인류가 보편적으로 수긍할 수 있는 당위적 가치를 도출해가야 한다는 원칙이다. 국제연합(UN) 헌장의 취지를 살려 공표된 '세계인권선언(Universal Declaration of Human Rights)'(1948), 이후 제정된 국제인권규약(1966), 지난 세기말 비엔나 세계인권선언에서 합의된 '인권의 4대 원칙'(1993) 등은 여전히 유효하다. 국제사회는 그 원칙과 정신 아래 개별 국가들이 자율적으로 결속하는 전지구적 세계시민사회 모델에 합의해 가야한다. 우리 또한 북한을 예외적인 나라로 남겨둬서는 안 된다. 지금부터라도 북한에 대해 구속력을 가지는 원칙들을 국제사회와 함께 더 세공해가야 한다. 북한에게도 합의에 충실한 협력을 요청해가야 한다.

셋째, 합리적이고 공평한 대화가능성을 전제한 국제적 공론장을 다각화해가야 한다. 특히 다양한 목적, 이념, 주제로 분기되는 다층적인 국제적 공론장을 확대시켜 가야 한다. 그 한 사례를 들면, 2015년 6월 6일, 전세계 79개국 1만 여명의 시민들이 참여해서 진행된 '유엔기후변화협상에 관한 세계시민회의'를 들 수 있다. 이

24. 콰메 앤터니 에피아, 앞의 책, p.72.

프로그램은 국적, 종교, 인종이 다른 1만 여 명의 시민들이 초국적 관심 사안이라 할 수 있는 '기후변화'에 대해 의견을 제출하고 대응방안을 실시간으로 토론한 데 그 의의가 있다. 물론 UN의 당사국총회 대표들에게 의견이 전달되고 그 내용이 언론에 공표됨으로써 실효적인 결과물을 견인하는 데까지 영향을 미칠 수 있었다.

사실상 기후변화에 대한 대응책 마련은 보편적이고 당위적인 의제라는 점에서 세계시민 사회의 참여는 당연한 것이라고 할 수 있다. 그럼에도 그동안 '지구적 숙의 거버넌스(global deliberative governance)'[25] 구축은 기술적·정치적으로 결코 쉬운 일이 아니었다. 또한 유의미한 의견이 제출되고 합의안이 마련되었다고 하더라도 그 내용이 각 국가에 적용되기까지는 수많은 난관이 존재할 수 있다. 때에 따라서는 개별 국가와 도시, 개인을 그물망처럼 엮어버린 전지구적 자본주의 시스템 내에서 다국적 대기업의 합법적 이윤 추구와 맞서야 하는 상황도 예상된다. 그럼에도 국제사회에 효과적이고 긍정적인 압력을 가하는 국제적 공론장이 작동한다는 건 중요해 보인다. 그처럼 인권을 포함해 북한과 관련된 의제들을 상호 토론해갈 수 있는 실효적 공론장을 준비해갈 필요가

25. 이에 대한 심층적인 분석은 다음 논문 참고. 이영희·정인경, 「지구적 숙의 거버넌스'로서 유엔기후변화협상에 관한 세계시민회의」, 『과학기술학연구』 15권 2호, 한국과학기술학회, 2015. 12, pp.12-24.

있겠다. 이는 한국 정부만의 노력으론 달성 불가능한 과제라고 할 수 있다. 관련 국가 및 시민사회, 지역사회, 국제기구의 노력과 그들 간의 조화와 균형[26]이 필수적이다.

그 과정에서 공신력 있는 국제기구의 인도적 개입을 포함한 현실적 규제 방안을 이끌어내야 한다. 또한 사후적으로 북한과 비우호적인 이해관계에 있는 미국 등의 입김이 크게 작용했다는 비판을 피하기 위해, 인권문제 개선에 관한 참여 주체의 확대, 참여 방식의 개선이 전제되어야 할 것이다. 이 과정에서 숙고해야 할 현실적 쟁점 중 하나는, 북한정권이 자위적 생존권을 위해 자국민의 인권을 후순위로 미룰 수밖에 없다는 논리에 대응하는 것이다. 이는 비엔나 세계인권선언에서 채택된 인권의 보편성, 불가분성, 상호의존성, 상호연관성의 원리와 원칙을 구체화하는 작업을 요청한다 하겠다.

넷째, 자율적으로 조직된 종교단체, 시민단체 등의 역할을 존중하고, 인도주의적 목적 아래에서 이뤄지는 그들의 활동이 세계시민사회를 위해 더욱 다양화 될 수 있도록 도와야 한다. 이는 타인을 향해 책임적 주체로 서고자 하는 세계시민들의 활동을 장려하

26. 이무철, 「북한 인권문제와 '인도적 개입'- 주요 쟁점과 비판적 평가」, 『통일문제연구』 53호, 평화문제연구소, 2010. 6, p.170.

는 문화의 확산, 제도적 장치의 마련을 전제한다. 애피아는 세계시민주의자들이 추구해야 할 유일한 보편적 진리가 있다면 "모든 인간은 다른 모든 인간에 대한 의무를 가진다", "모든 사람이 소중하다"와 같은 덕목과 관련된다고 단언한다.[27] 중요한 것은, 그러한 인도주의적 실천이 국가의 이름으로, 국제적 권력기구의 결사를 통해서만 이뤄져서는 안 된다는 사실이다. 도덕감 등에서 발원한 개개인의 발의가 자유롭게 권장되고 특수한 비전을 갖는 인도주의적 단체들의 독자적 활동이 장려되어야 한다. 자발적이고 광범위한 공적 의사소통 체계가 아래로부터 힘을 받을 때, 세계시민사회의 이상은 확산될 수 있다. 이는 어느 정도 세계시민교육의 성과와 연동될 수 있다는 점에서 그에 대한 학술적·제도적 논의를 요청한다 할 것이다.

그렇다면, 다음 장에서는 지금까지 논의한 세계시민이 갖춰야 할 자질과 토대, 혹은 세계시민사회로의 이행을 위해 필요한 전제조건 등을 의식하면서 다큐멘터리 작품들을 분석해 보도록 하겠다. 지금부터 독자들은 다큐멘터리에서 읽히는 북한주민들의 삶을 성찰하면서 인권이 보장되는 시민사회의 기초 조건인 자유, 평등, 연대, 평화, 정의 등의 개념을 대조시켜보면 좋겠다.

27. 콰메 앤터니 애피아, 앞의 책, p.252.

03

타자의 시선에 담긴 북한의 '타자성'

(1) 배타적 '공동체주의'는 무엇을 생략하는가

● 일상의 병영화가 낳은 전투적 시선 : 〈천리마 축구단〉

북한 축구대표팀은 1966년 잉글랜드 월드컵 대회에서 축구 역사상 가장 큰 이변을 일으킨 것으로 회자되곤 한다. <천리마 축구단>은 당시 북한팀 선수들의 현재를 카메라에 담아낸 다큐멘터리이다. 현재와 과거를 수시로 오가는 영상들은 당시 북한팀이 보여준 '1966년의 기적'이 어떤 배경에서 실현된 것인가를 좇는다. 잘 알려지지 않은 1966년 월드컵과 관련된 뉴스릴(newsreel) 화면들도 이채롭지만, 평양의 낯선 풍경들을 빠른 편집으로 전시하는 이 영화의 박진감도 신선하다. 그 와중에 이제는 60, 70대가 된 당시 북한팀 생존자들이 서로를 만나 회포를 푸는 장면과 그들 각자의 인터뷰 장면들이 삽입된다.

㉮ 평양 소녀들의 활기찬 합주

㉯ 평양 소년들의 역동적인 군무

㉰ 북한 선수들의 경기장면 1

㉱ 북한 선수들의 경기장면 2

이 영화의 메시지를 면밀히 추수해보면, 먼저 서방세계의 북한에 대한 선입견을 탈색시키는 데 공을 들인 듯 하다. 궁극적으로는 당시 북한 선수들이 위대한 팀 정신으로 스포츠가 줄 수 있는 감동을 보여줬다는 평가에 가 닿는다. 북한 사회를 장악하고 있는 전일적 시스템에 대한 낯선 이물감을 간접적으로 환기시키는 장면도 존재하지만, 그보다는 그 '낯섦'에 대한 포용과 옹호의 시선이 더 강하게 나타난다.

예를 들어 <천리마 축구단>은 평양 소녀들의 실수가 없는 합주, 완벽하게 통일된 활기찬 군무 등을 여러 번 전경화한다(㉮, ㉯). 그리고 이들 장면은 상대적으로 매우 왜소했던 당시 북한 월드컵팀 선수들의 재기발랄하고 역동적인 움직임을 연상시키는 데 활용된다(㉰, ㉱). 당시 북한팀 선수들이 보인 스피디한 경기운영과 탄탄한 조직력 등을 각별하게 감각시키기 위해 의도적인 평행편집이 이뤄진 셈이다.

㉲ 평양의 위압적인 동상

㉳ 평양의 선전선동 슬로건

㉴ 압도적인 매스게임 장면 1

㉵ 압도적인 매스게임 장면 2

<천리마 축구단>은 이와 유사한 방식으로 의미론적 충격을 안기는 편집을 다양하게 활용한다. 당시 북한팀의 성공 배경을 해석하는 장면들도 그 예다. 이를테면, 이 영화엔 평양의 낯선 풍경들, 건물 곳곳에 박힌 역동적인 슬로건, 위압감을 줄 정도로 거대한 동상, 정확하게 구획되어 질서정연한 잿빛 거리와 건물들을 반복적으로 보여준다(㉲, ㉳). 이는 당시 북한팀 선수들의 경기장면

과 현재시점에서 그들을 대상으로 진행된 인터뷰 등과 교차되면서 북한사회에 팽배한 집단주의의 힘을 상기시킨다. 이제는 늙은 당시 선수들은 월드컵을 추억하면서 '수령'과 '인민'을 위해 승리를 갈구했던 정신자세를 이야기한다. 전투적 혁명에 임하는 자세로 혹은 공적 임무를 완수해야 한다는 사명으로 경기에 임했다고 고백한다. 그런 어떤 순간에 교차되는 또 다른 이미지는, 최근 북한의 매스게임 영상(㉳, ㉴)이다. 우리 대부분이 여러 번 본 장면일 수 있지만 일사불란한 북한의 카드섹션 모습은 당시 북한팀 선수들의 팀정신을 이미지텔링하면서 압도적인 전율감을 안긴다.

매스게임은 엄청난 인원과 시간이 투입되어 완성되는 국가적 향연인 셈인데, 그 내용은 최근 달성한 업적을 신화화하고, 지도자를 종교화하는 데 방점이 놓인다. 그런데 그 같은 카드섹션 장면은 다시 북한 월드컵팀 영웅들을 한 명씩 호명하는 영상과 교차된다. 북한 정권의 입장에서 보면, 그들은 혁명정신에 기반한 영웅적 투쟁을 그라운드 위에서 실천한 자들일 것이다. 영국인 감독 대니얼 고든은 바로 그 영웅적 투쟁정신이 높은 수준의 스포츠 정신으로 발현되었으리라 추측하는 것처럼 보인다. 대니얼 고든이 노신사가 된 북한 월드컵팀 선수들의 인터뷰를 삽입한 타이밍도 그 같은 시선을 드러낸다.

> 내가 지키는 골문이, 저 골문이 비록 작은 골문이지만 나는 그 때 내 뒤에는 우리 조국이 있고 또 우리 조국의 인민들이 날 지켜보고 있다는 거, 내가 골을 먹으면 우리 조국의 명예가 추락되고 우리 수령님께서 우리들에게 주신 과업을 수행하지 못한다는 이런 것으로 해서 정말 죽어도 나는 이 문을 사수해야 한다는 그런 높은 자책감으로 해서 골문을 지켰습니다. (리찬명 골키퍼 인터뷰)

> 이탈리아가 왜 그럼 우리한테 졌는가? 이거 볼 때 첫째로 정신 사상력에서 졌습니다. 우리한테. 정신 사상력에서. 그 다음에 두 번째는 걔네들이 뜻밖에도 한 점 실점하고 나니까 조급한 나머지 집단력을 발휘하지 못하고 개인 경기를 했단 말입니다. 이게 말하자면 기술 만능이 우리 집단력 앞에 깨져나갔단 말입니다. (명례현 감독 인터뷰)

그런데 이러한 인터뷰 내용은 긍정적으로 포용할 수만은 없는, 그들의 다소 정치적인 태도와 연결된다. 한국의 관객이라면 영화 중반 노신사가 된 주인공들이 '위대한 수령님'이라는 김일성을 추모하며 그의 동상 앞에서 눈물을 흘리는 장면을 지날 때 쉽사리 해명되지 않는 감정에 사로잡힐 것이다. 1966년 월드컵에 참가하기 직전, 김일성은 한두 팀이라도 이기고 오라며 당시 북한 월드컵팀 선수들을 사랑으로 안아주셨다고 한다. 이에 감격한 노신사들은 그 날로부터 40여년이 지난 지금도 '위대한 수령님'의 품을 회고하며, 그가 베푼 사랑과 배려를 생각하면 눈물이 난다고 고백한다. 그들에게서 느껴지는 고양된 감정은 수령이 곧 국가와 인민으로 환치되는 사회, 바꿔 말해 개인숭배담론이 완벽하게 작동되는 북한의 종교적 분위기를 다시 한 번 상기시킨다.

㉨ 1959년 곽흥모 작
(〈동무는 천리마를 탔는가?〉 선전화)

이즈음에서 영화의 한국어판 제목과도 관련되는 '천리마 운동'에 대해 성찰해볼 필요가 있겠다. 협의적으로 보면, '천리마 운동'은 1956년 이후 전후 복구가 어느 정도 끝난 북한 사회를 지배했던 사회주의 노동 강화 운동으로 통한다(㉨). 그 무렵 북한은 자력갱생을 외치면서 '증산'과 '절약'을 키워드로 이른바 '노력경쟁운동'을 더욱 치열하게 전개해간다. 곧이어 1961년 조선노동당 제4차 대회를 거치면서 김일성은 단일 권력 체계를 강화하는 데 성공한다. 실제로 이 대회는 김일성을 중심으로 한 위계질서가 당내 권력구조에 제도적으로 반영되는 계기가 된다.[28] 이후 1962년엔 주체사상이라는 용어가 등장하고, 1965년엔 최초의 정식화가 이뤄진다. 당시 한 연설에서 김일성은 "사상에서의 주체, 정치에서의 자주, 경제에서의 자립, 국방에서의 자위, 이것이 우리 당이 일관되게 견지하고 있는

28. 이종석, 『북한의 역사 2』, 역사비평사, 2011, p.20.

입장"[29]이라며 주체사상의 뼈대를 명확히 밝힌다.

이처럼 '천리마 운동'은 김일성 신격화 담론이 굳어져가는 과정에서 수령을 중심으로 한 배타적 공동체주의를 확산시키는 데 결정적 기여를 한다. 그렇게 보면 1966년 북한 월드컵팀 선수들의 정신력은 그 근간에 '천리마 운동'에 내재된 이념적 지향을 깔고 있는 것처럼 보인다. 감독 대니얼 고든의 호기심어린 시선을 걸러내고 보면, 1966년 북한 월드컵팀은 정치적 공적을 끌어내기 위한 도구, 혹은 체제 선전물로 자신의 역할을 수행한 것이다. 이러한 관점에서 기언급한 인터뷰 내용들을 다시 보면, 스포츠 정신을 변색시키는 정치적 구호들의 힘을 읽을 수 있다. 더 구체적으로 배타적 민족주의에 기초한 투쟁적 언술과 종교적 유일체계로 발전한 개인숭배담론, 일상의 병영화가 낳은 전투적 등이 그들의 언어 안에 복잡하게 착종되어 있음을 확인할 수 있다. 1960년대 이래 종교적인 유일체제를 유지해 온 북한사회의 이질성이 스포츠 무대에서 어떻게 발현되고 있는지를 짐작할 수 있는 것이다.

대니얼 고든이 1966년 북한 월드컵팀의 저력을 북한 사회 전반의 사상성과 연관짓는 것 자체는 문제가 되지 않는다. 조직적이고 일체화 된 북한의 사회분위기가 팀 스포츠 경기에서 빛을 발했다

29. 이종석, 앞의 책, p.42.

고 주장하는 것은, 과잉된 호기심이 낳은 결론일 수도 있지만 틀렸다고 말하기도 어렵다. 그런데 소재의 자극성에 비해 그에 대한 가치판단, 곧 관점을 담아낸 해석이 빈약해 보인다. 이 상황에 대해서는 한 가지 추론을 해볼 수 있다. 북한당국이 대니얼 고든의 취재를 허락하고 다큐멘터리 연출에 협조한 것은, 그가 북한의 정치제제에 대한 비판이나 현실 문제에 대한 입장을 가시화하지 않는다는 조건에 합의했기 때문일 것이다. 그런 면에서 <천리마 축구단>은 애초부터 지난 반세기 동안 북한사회를 규제해 온 내부 결속의 논리 등을 해석하고 평가하는 데까지는 나아갈 수 없는 영화였다.

그렇다면 우리는 이 작품에 배제되었을 것으로 추정되는 시선들을 소환할 필요가 있겠다. 앞에서 언급한 것처럼 '천리마 운동'과 결부된 배타적 공동체주의, 혹은 극단적 민족주의는 북한식 사회주의 체제 확립과 자력갱생의 논리를 떠받치는 기초로 작동해 왔다. 우리에게 <천리마 축구단>은 이런 궁금증을 불러일으킨다. '당시 북한 월드컵팀 선수들이 한국전쟁 당시 연합군 쪽에 섰던 영국과 서방의 주요 선진국들 출신 선수들을 어떻게 인식하고 경기에 임했을 것인가?' 사실 북한에 대한 우리의 평균적인 인식은 이 질문에 대한 일정한 답을 이미 내놓고 있다. 감독은 취재를 통해 우리와 유사한 답안을 갖게 되었음에도 그 부분을 생략한 것인지도 모른다.

북한당국은 개인의 자율성과 공론장의 합리성이 공존하는 건전한 시민사회 형성을 허락하지 않는다. 김정은 집권 이후 북한사회에 적잖은 변화가 일고 있다는 판단을 하게 되지만, 큰 틀에서는 지금도 그 문제를 안고 있다. 북한사회는 전일적 규율이 먼저 있고, 이후 개인에 대한 '인준' 혹은 '배제' 절차를 작동시킨다. 북한사회를 폐쇄적 고립의 길로 이끄는 이러한 경직된 문화는 벌써 오래 전부터 '공기'처럼 당연한 환경이 되었다.

특히 1970년대 이후부터는 주체사상을 모태로 한 '우리식 사회주의'의 기치가 북한사회를 장악했고 전투적인 항일유격대식 생활이 장려되었다. 이 같은 북한 사회의 문제성은 <천리마 축구단>이라는 한국어 제목과 정확히 일치하는 1966년 북한 월드컵팀의 출전가 가사에서도 정확히 드러난다. 당시 월드컵팀으로 활약했던 생존자들은 영화 속에서 출전가(응원가)를 힘있는 목소리로 재차 합창한다. 가사를 옮겨 적어 보면, "조국의 영예를 크게 걸머진 우리는 영광스런 천리마축구단. 그 어떤 강적도 단매에 엎어 조선사람 본때를 보여주리라."로 시작해 마지막엔 "남홍색 공화국기 하늘 높이 휘날리자."로 끝난다.

앤서니 기든스는 국가가 시민사회를 침식해 들어가는 현상을 동유럽과 구소련의 공산주의 경제 시스템을 예로 들며 설명한 바 있다. 그는 그들 사회에서 공공영역의 개발이 원칙적으로 차단되고 일상적 교제공간이 가정 이내의 범위로 축소된 것에 주목한다. 그러면서 그는 어쩌면 당연한 결론을 내놓는다. "건강한 시민사회는 압도적인 국가 권력으로부터 개인을 보호"[30]하는 데 최우선 과제가 있는 것이다. 결국 <천리마 축구단>의 주인공들에게서 발견되는 왜곡되거나 변질된 스포츠맨십 문제는 자율적 주체로서 공공영역에의 참여가 제한된 북한 주민들의 현실을 웅변한다고 할 수 있다. 진정한 문제는, 북한 주민들이 그런 삶을 살고 있으면서도 권력자를 중심으로 재편된 종교화 된 사회분위기 속에서 자신의 부당한 삶을 제대로 자각하지 못하고 있다는 사실이다.

보편타당한 스포츠맨십은 규칙을 준수하고 페어플레이를 해야 한다는 덕목뿐만 아니라, 상대 선수를 존중하고 예의와 도덕성을 바탕으로 경기 자체를 존중해야 한다는 가치도 포함한다. 이는 경기에 참여한 개인들이 스스로를 존중하면서 자율감을 누리고, 상대를 존중하면서 자기 성취감에 도전해가야 한다는 말이다. 그 때문에 북한이 세계시민사회로 이행되어가길 바라는 우리가 <천리마 축구단>을 통해 떠올려야 하는 것은 편집을 통해 소거되었거나 의도적으로 무시된 메시지이다. 1966년 북한 월드컵팀 선수

30. 앤서니 기든스, 앞의 책, p.138.

들의 전투적 의지를 고취시켰던 사상성이란, 개인의 자발적 동기와 자율적 가치판단을 지우는 폭압적 힘이다. 이는 북한사회를 경직시킨 반인권적 규율체계의 한 단면이라 하겠다.

너스봄은 세계시민교육을 통해 고취시켜야 할 세 가지 역량을 언급한 적 있다. 첫째, 자기 자신과 전통에 대한 비판적 검토를 할 수 있는 능력, 둘째, 스스로를 일부 지역의 시민으로 받아들일 뿐만 아니라 인정과 관심의 고리로 연결되어 있는 모든 다른 인간존재와 결속되어 있다고 생각하는 시민의 능력, 셋째, 전혀 다른 사람의 입장에 서서 사태를 생각해 볼 수 있는 서사적 상상력이 바로 그것이다.[31] 한국사회에서조차 세계시민교육은 아직 보편화되지 않았다고 볼 수 있다. 단지 국제사회와의 연결망이 복잡해지는 과정에서 세계적 안목을 논하는 공론장이 이제 막 형성되어 가고 있는 중인지도 모른다. 세계시민사회의 이상과 소통되는 통일한국을 기도한다면, 너스봄의 견해는 서로 다른 수준에서 한국와 북한의 주민들에게 공히 적용될 필요가 있겠다. 이제 북한 사회는 '개인'을 발견해야 하고, 북한 주민들은 '자기 고유성'을 주장할 수 있어야 할 것이다.

31. 데릭 히터, 앞의 책, p. 453 재인용.

● 체제 수호를 위한 반인권, 반인륜의 일상화: 〈요덕스토리〉

㉮ 뮤지컬 '요덕스토리' 포스터(2010년)

이 영화는 최소한의 방어적 인권마저 작동하지 않는 북한에 대해 고발한다. 7명의 등장인물은 직간접적으로 북한의 악명 높은 집단수용소[32]를 체험한 인물들이며, 대부분 정치범 수용소에서 인륜에 반하는 참혹한 고통을 경험한 자들이다. 그들은 견디기 힘든 고문과 굶주림, 죽음이 동행하는 위협적 환경 속에 노출되어

32. 참고로 흔히 관리소라고 일컬어지는 정치범 수용소는 수감자에게 가장 참혹한 장소다. 2010년 안팎까지만 해도 6곳이 있었으며 20여 만명이 그곳에서 고통을 받았다. 그 외에도 30여개의 강제 노동소가 존재하며 노동 교양소와 교화소 등도 집단수용소의 다른 유형이라고 할 수 있겠다.

살다가 한국으로의 탈출을 기도했고, 결국 그 꿈을 이룬다. 그리고 그들은 한국 땅에서 서로를 만나 북한의 반인권 실태를 쟁점화할 수 있는 '요덕스토리'라는 뮤지컬㉮을 만드는 데 참여한다. 이 영화는 그 동명의 뮤지컬 속 에피소드들의 모태가 된 탈북민 7인의 실제 사연에 집중한다. '설마 지금 듣고 있는 내용이 모두 사실인가'를 되묻지 않을 수 없을 정도로 그들의 사연은 참담함을 넘어 충격을 안긴다.

미리 밝힐 것은, 해석에의 중립성을 일관되게 견지하는 <천리마 축구단>과 달리 <요덕스토리>는 인터뷰이들의 증언에 깃든 정치적 판단으로 메시지의 뼈대가 완성된 영화라는 점이다. 따라서 우리가 <요덕스토리>를 볼 때에는 '체험의 진실성'과 '증언의 객관성', '입장의 합리성'을 따져 물어야 한다. 여기서는 <요덕스토리>의 정보가 사실, 혹은 사실에 가까운 진실일 것이라는 주관적 믿음에 근거해 그 내용을 따라가 보도록 하겠다. 이는 북한 정치범수용소에 대한 정보를 제대로 검증할 수단이 없기에 택한 차선의 입장이다.

영화 속 정보에 따르면, 북한의 사회적 신분은 핵심계층, 동요계층, 적대계층으로 나뉜다고 한다. 3개의 계층이 어떤 기준에 의해서 분류되는지, 나는 어디에 속하는지는 북한 주민들도 제대로 알지 못한다고 한다. 다소 단순한 구분이지만, 핵심계층에 속하는 사람들은 대개 좋은 직장을 제공받고 도시에 살 수 있으며 자녀 교육이나 식량 배급 면에서 구별된 혜택을 받게 된다. 반대로 적대계층에 속한 사람들 중 일부는 보편성, 고유성, 항구성, 불가침성을 갖는 인권의 최소한도 보장받을 수 없다. 북한의 집단수용소 수감자들은 적대계층으로 분류된 사람들 중에서도 최악의 상황에 놓인 부류일 것이다.

특히 정치범 등을 수용하는 집단수용소의 존재는 북한당국이 현재의 체제를 유지하기 위해 취하는 내부 규제의 극악한 한 단면을 보여준다. 짐작컨대 정치범 수용소를 해체하는 일은, 북한 정부의 인권정책에 대한 변화를 이끌어내는 데 그치지 않을 것으로 보인다. 개혁·개방과 대남정책의 변화를 통해 북한이 바람직한 통일의 동반자로 거듭날 수 있느냐의 여부를 가늠할 때, 절대적 기준이 될 수 있다.[33] 추측컨대 이 영화를 만든 안드제이 피딕은 그러한 문제의식을 간접적으로나마 갖고 있었던 것으로 보인다.

그는 2011년 연합뉴스와의 인터뷰[34]에서 이 영화를 제작하게 된 배경 중 하나를 아우슈비츠 수용소의 기억과 연관시켜 설명한 바

33. 허만호, 「국제인권법을 기준으로 바라본 북한의 정치범 수용소」, 『사회과학 담론과 정책』 제4권 제1호, 경북대학교 사회과학연구원, 2011. 4, p.104.

34. 해당 문단 인터뷰 내용에 대한 인용은 다음 글 참고. 홍덕화 「<인터뷰> '요덕스토리' 다큐 제작 波 피딕 감독」, 『연합뉴스』, 2011. 5. 15.

있다. 2차 대전과 홀로코스트에 책임이 있는 독일 정부는 사과했는데 북한은 유사한 잔학행위를 자국 내에서 반복하면서도 어떤 죄책감도 느끼지 못하고 있다는 것이다. 그래서 20여만 명에 달하는 정치범들이 고문과 폭력, 굶주림 등으로 죽어가는 현실을 국제사회에 알리는 문제가 시급하다고 봤다. 물론 그는 북한의 폐쇄성 때문에 한동안 '인권개선' 압력이 실효를 거둘 수 있으리란 생각을 하지 못했다고 말한다. 그러나 대북 전단지 살포와 같은 자발적 노력을 포기하지 않은 탈북민들의 노력 등을 통해 중국식 개혁개방에 대한 필요성이 북한 주민들 사이에 확산되고 있는 것으로 판단한 듯하다. 그러면서 수용소 운영 등 심각한 인권유린 문제도 개선될 수 있다는 확신을 갖게 된 것이다. 결과적으로 그는 정치범 수용소를 없애는 일이 북한 인권 문제 개선의 최종 목표는 아니지만, 국제사회의 일원으로 북한이 올라서는 데엔 결정적 계기가 될 것으로 보는 듯하다.

㉯ 요덕수용소 체험을 들려주는 김영순씨

<요덕스토리>(2009, ⓒ Piraya Film AS, 안제이 피딕 감독, 톨레 볼라 촬영)

정치범 수용소에서 벌어지는 심각한 인권유린 실태는 영화 속 탈북자의 증언들을 통해 적나라하게 드러난다. 뮤지컬 '요덕스토리' 주연출자이기도 한 정성산은 북에서 사귀던 여자 친

구 이야기를 들려준다. 지금 그는 한국에서 잘 살고 있지만, 여자 친구에 대한 기억 때문에 여전히 보위부에 끌려가 얻어맞는 악몽을 꾼다고 고백한다. 그의 여자 친구는 중앙당 36호실에서 재직하던 그녀의 아버지로 인해 인생이 파탄난다. 뇌물죄에 걸린 건 아버지이지만, 그녀 역시 연좌제에 묶여 다른 가족과 함께 요덕수용소에 수감되었다는 것이다. 정성산은 그렇게 여자 친구를 떠나보낸 후 최소한의 정상성을 상실한 북한사회를 직시하게 된 것으로 보인다.

영화 외적 이야기이지만, 정성산은 매우 잘 알려진 탈북자다. 한국사회 정치지형도 내에서 그의 정치적인 발언이나 행동이 과장적인 극우파의 실천으로 읽히는 경우도 있다. 북한을 어떻게 상대할 것인가에 대한 입장 역시 대결주의적인 특징이 있다. 따라서 그에 대한 인터뷰 내용과 극중에서 그가 만드는 뮤지컬을 어떻게 바라봐야 할 것인가의 문제는 간단하게 정리되지 않는다. 다만 정치범 수용소에 대한 그의 간접 체험이 그의 대북관에 결정적 영향을 끼쳤으리란 추측은 합리적이다.

한편, 중년을 넘긴 지긋한 나이의 여성 김영순씨(㉯)는 요덕수용소에서 부모님 시신을 거적에 싸서 묻은 이야기를 들려준다. 그녀는 수용소에서 아홉 살짜리 아들이 물에 빠져 죽은 일까지 경험한 바 있다. 그녀의 고백에 따르면, 수용소의 엄마들이 '식독'에 걸린 자식들을 위해 어미 쥐의 배 안에 든 털 안 난 새끼 쥐를 구워

먹이려 경쟁하는 일도 있었다. 이런 이야기를 통해 우리는 '인간 이하'의 것이라고 생각되는 행위들이 일상화되어 있는 정치범 수용소의 진면목을 대면하게 된다. 그녀의 체험 내용이 매우 특수한 것이긴 하지만, 영화는 그녀의 진심을 담아내기 위해 과감한 클로즈업 쇼트를 여러 차례 선보인다.

ⓓ 수용소 경비병 출신 안명철씨

<요덕스토리>(2009, ⓒ Piraya Film AS, 안제이 피딕 감독, 롤레 볼라 촬영)

한국에서 음식점 서빙 일을 하며 살고 있는 안명철씨는 북한에서 조금 다른 삶을 살았던 인물에 속한다. 그는 수용소 경비병 출신으로 그곳에서 폭력을 가하던 쪽에 있었다. 그는 그 시절을 자책하고 있고, 한국 땅에서 만난 김영순 씨에게 수용소 경비병들을 대신해 사과한다. 그럼에도 그의 선량하고 반듯한 모습(ⓓ)은 마치 한나 아렌트에게 '악의 평범성(the banality of evil)'을 환기시킨 아이히만(Adolf Eichmann)의 한 순간을 연상시킨다. 그도 아이히만처럼 의식화 된 극악한 폭력기계나 광적인 살인마였다기보다는 시스템 내에서 주어진 임무에 충실한 체제 순응자에 불과했을 것이다. 바꿔 말해 윤리적인 측면에서 '사유의 무능력(inability to think)'[35]

35. 한나 아렌트, 김선욱 역,『예루살렘의 아이히만』, 한길사, 2006, p.106.

에 길들여진 자였을 것이다.

물론 현재 시점의 그는 예루살렘 법정에 서게 된 1961년의 아이히만과 중요한 차이를 갖는다. 그의 경우 북한체제의 문제성과 자신의 과오를 정확히 직시하고 있기 때문이다. 그의 인터뷰는 수용소 안 구류장(체벌방)에서 어떤 고문이 가해지는지, 그리고 살인이 일상화되면 어떤 비극이 닥칠 수 있는지를 정확히 들려준다. 그의 북한 탈출 배경도 인상적이다. 식량배급소 당비서였던 그의 아버지는 국가 정책 때문에 인민들이 굶어 죽는다는 생각을 갖게 되었고, 이후 분노를 이기지 못한 채 자살하고 만다. 그 사건이 알려진 후 안명철씨의 다른 가족이 수용소에 수감되었는데, 그 역시 재소자가 될 것이 명약관화해지자 북한을 탈출할 수밖에 없었던 것이다.

김정일 개인 경호원으로 요덕수용소에서 5년을 보낸 적 있는 이영국씨 이야기도 매우 특별한 잔상을 남긴다. 그의 기구한 인생스토리 자체도 각별했지만 그보다도 그가 영화 촬영 도중 인터뷰를 그만둔 사연이 더 기막혔다. 영화 촬영 직후 북한에 남은 그의 가족들이 집단수용소에 보내졌다는 소식이 전해졌다는 것이다. 그래서 그는 안전한 한국에서 살고 있음에도 스스로 고립을 택한다. 심지어 어떤 사람과도 대화를 단절해버린다. 김태진씨 역시 1987년부터 1992년까지 요덕수용소에 갇힌 바 있는 인물이다. 그는 북한에서 총살이 어떻게 일어나는지, 교수형 당한 시체에까지 어떤 만행이 저질러지는지 폭로한다. 그의 고백 중 기억에 남는 것은, 모든 수용자들이 심각한 영양실조를 겪으며 살았고, 엉덩이에 살이 없으니까 어딘가에 앉을 때에도 옷을 깔지 않으면 안 됐다는 내용이다.

12호 교화소에서 수감되었던 김혁씨는 비교적 최근인 2001년에 탈북한 청년이다. 그가 수용소 내 구류장에서 만났다는 사람들의 이야기는 충격의 정도가 매우 크다(㉣). 너무 배가 고파서 아기의 머리만 놔두고 팔다리 등을 뜯어먹고 잡혀 온 사람을 술회하기도 한다. 그에 따르면 지나가는 여자를 납치한 후 인육을 먹기 위해 다 뜯어놓고 잡힌 사람도 있었다고 한다. 우린 그의 인터뷰를 경유해 수용소의 인권실태가 얼마나 심각한 수준인지를 체감하게 된다. 인권의 사각지대 안에서 양산되는 반인륜적인 사건들은 집단수용소 문제의 위중함을 강력하게 웅변한다. 결과적으로 김혁의 인터뷰에 따르면, 인권을 잃어버린 후 인격을 포기하게 된 자들의 면면을 생생하게 만나게 된다.

마지막으로 이민복씨는 북한에서 과학자로 생활하다가 보위부 감옥에 갇혀 죽음과도 같은 시간을 보낸 적 있다. 현재 서울에서 선교사로 생활하는 그는 최전방 철책선을 수시로 드나들며 '대북 전단 살포' 사업을 이어오고 있다. 풍선에 각종 구호품과 선전물 등을 담아 보내는 일(㉤)은 이제 그에게 종교적 사명이 된 듯하다.

그가 한국정부의 만류에도 불구하고 북한을 향해 풍선을 쏘아 올리는 이유는, 당장은 생필품이 부족한 북한 주민들의 처지를 알고 있기 때문이다. 또한 북한정권의 폭압적 실체와 한국의 발전상 등을 북한 주민들이 균형있게 바라보도록 유도하기 위해서다. 더 나아가 북한 주민이 북한 지도체제의 기형성과 사회의 비현실성을 이해하고, 주변 정세를 직시할 수 있도록 돕기 위해서다. 그는 그러한 아래로부터의 작은 균열이 일어나야 북한 특유의 전일적 지배체제 붕괴될 것이라 생각한다.

㉣ 담담하게 끔찍했던 기억을 들려주는 김혁씨

㉤ 북으로 풍선을 보내는 장면

<요덕스토리> (2009, ⓒ Piraya Film AS, 안제이 피딕 감독, 톨레 볼라 촬영)

이처럼 <요덕스토리>는 집단수용소의 실상을 상세하게 들려주면서 동명의 뮤지컬이 사실에 근거해 제작되는 과정을 담아낸다. 물론 이때의 사실은 탈북자들의 실체험이 묻어나는 증언에 기초한다. <요덕스토리>는 뮤지컬로 승화된 반인권적인 상황들을 우리에게 현실적 질문으로 되돌려준다. '북한 당국은 왜 국제사회의

강력한 비난을 감수하면서까지 정치범 수용소를 포함한 집단수용소를 유지할 수밖에 없는가.' 이 질문에 대한 근사치의 답을 얻기 위해선 정치범들을 특정한 물리적 공간에 강제적으로 격리 수용하게 된 계기와 배경을 역사적 맥락에서 이해할 필요가 있다.

집단수용소의 다른 명칭은 '특별독재대상구역'이다. 그리고 이곳의 역사는 분단의 역사만큼이나 길다. 그런데 집단수용소가 정책적으로 오늘날과 같은 기능을 갖게 된 것은 김일성과 김정일의 권력투쟁 역사와 계급정책 시행 이력과 맞물린다.[36] 김일성은 1956년에 발생한 '8월 전원회의 사건'에서 자신의 당운영과 정책 노선에 반기를 든 반대 세력과 대립한다. 이후 중국, 소련과의 관계가 어긋나면서 정치적 위신이 흔들리는 상황을 맞기도 한다.[37] 그러나 그는 반대파를 몰아내는 데 성공하고 결국 철저한 숙청작업을 단행한다. 그 결과 1961년 조선노동당 제4차 대회에 이르면, 절대 권력자로서의 위상을 완전히 확립하기에 이른다.

바로 그 무렵 정적을 정치범으로 몰아 수감시키기 위해 집단수용소가 계획적으로 운용되기 시작한다. 전 북한노동당 비서 황장엽 씨 등의 증언[38]은 이를 뒷받침한다. 그에 따르면 '통제구역'은

36. 허만호, 앞의 논문, p.106.

37. 이종석, 앞의 책, p.20.

38. 허만호, 앞의 논문, p.107.

1956년 8월 무렵 종파분자를 수감시키기 위해 마련한 장소에서 유래한다. 황장엽은 이후 일반 정치범까지 수용하는 공간으로 '통제구역'을 활용하기 시작했다고 증언한다. 평남 북창군 소재 득장 탄광지역에 설치된 최초의 '통제구역'에는 종파분자의 가족들까지 격리 수용되었다고 회고한다. 한편 각 경비소에 군대(경비대)가 배치되어 오늘날과 같은 수용소 형태가 완비된 것은 그로부터 10여 년이 지난 1968년, 1969년경으로 추측된다.[39]

한편 김정일이 당내 3대 권력기구를 장악한 후 북한의 통치자로 전면에 서게 된 계기는 1980년 노동당 제6차 대회라고 할 수 있다. 이때 김정일은 무려 1만 5천 명을 '특별독재대상구역'에 수감시켰으며 동구권 사회주의 세력의 몰락이 가속화되던 무렵엔 내부 통제를 강화하며 '특별독재대상구역'을 확대·개편하기에 이른다. 이후 1997년 무렵에 이르면, 평남 개천, 함남 요덕, 함북 회령·청진 등지에 약 20만 명을 수감시킬 수 있는 규모로[40] 정치범 수용소가 확대된 것으로 보인다. 참고로 통일연구원의 2012년 자료에 따르면 북한 내 5개 수용소에 최소 8만, 최대 12만 명 정도의 정치범이 여전히 수용되어 있는 것[41]으로 추측된다.

39. 허만호, 앞의 논문, p.108.

40. 위의 논문, 같은 쪽. p.108.

41. 이금순, 「북한 정치범수용소의 인권 상황」, 『통일연구원 학술회의 총서』 제13권

그렇게 보면, 북한체제의 고립화와 집단 수용소의 폐쇄적 운용은 긴밀한 연상작용을 불러일으킨다. 일단 북한체제는 '정권안보'라는 미명 아래, 또 '체제유지'라는 명분 속에서 비판이 허용되지 않는 환경을 강화해 왔다. 정권을 향해 비판을 한 자나 다른 목소리를 낼 가능성이 있다고 의심되는 자를 격리 처벌할 수 있는 시스템을 구축해 왔다. 실제로 북한 사회에서 다른 이념을 가진 자, 정권에 대한 이견을 말한 자, 체제 부적응 또는 불순종자, 탈북자, 종교인 등은 합법적인 절차없이 처벌의 대상이 되었다. 강제수용소 생활 과정에서 비인간적인 처우는 두말할 것도 없다. 당연히 이러한 시스템은 국제사회의 상식과 기준에 완전히 어긋나는 것이다.

이즈음에서 북한의 정치범 수용소에서 자행되고 있는 인권유린 실태를 좀 더 소상히 나열해보면, 다음과 같다.[42] 참고로 아래의 내용은 북한이 명시적으로 가입하진 않았지만 국제사회가 보편적으로 수용한 인권 협약(예: "고문과 기타 잔인하고 비인간적이거나 굴욕적인 처우 또는 처벌에 관한 협약 Convention Against Torture and Other Cruel, Inhuman or Degrading Treatment or Punishment" 등)에 비춰본 결과다. 또한 북한이 직간접적으로 승인하거나 가입한 국제인권법 관련 규약

제1호, 통일연구원, 2013, p.264.

42. 이하의 기술 내용은 이금순과 허만하, 라지브 나라안의 논의를 참고하여 재분류한 것이다.

(예: "집단살해죄의 방지와 처벌에 관한 협약 Convention on the Prevention and Punishment of the Crime of Genocide", "시민적 및 정치적 권리에 관한 국제규약 International Covenant on Civil and Political Rights", "여성차별철폐협약 Convention on the Elimination of All Forms of Discrimination against Women", "아동권리협약 Convention on the Rights of the Child" 등)에 의거한 기술이다.

첫째, 북한은 적법절차를 생략한 강제수감을 지속하고 있으며 그 과정에서 임의의 구금을 당하지 않을 권리, 고문당하지 않을 권리를 박탈하여 신체적 자유를 억압하고 있다. 피구금자 처우에 관한 최저기준 규칙을 위반한 것으로도 볼 수 있으며 국가공권력에 의한 강제 노예화의 혐의로도 볼 수 있다.

둘째, 사상과 양심, 종교의 자유를 박탈하고 제재를 받지 않고 의견을 가질 수 있는 권리를 무시한 채 표현의 자유를 억압하고 있다. 당연한 말이지만, 이 문제는 더 적극적인 권리인 집회나 결사의 자유를 억압하는 문제로도 연결된다.

셋째, 연좌제의 광범위한 적용을 통해 개별적 존재로서 인간의 존엄성을 함부로 훼손하고 부당한 집단처벌을 관례화하고 있다.[43] 부모가 정치범 수용소에 수감되어 있다는 이유로 그들 사이에서 태어난 아이도 정치범 수용소에 갇혀야 하는 상황 역시 국제협약에 완전히 벗어난 것이다.

43. 라지브 나라얀은 탈북자 안명철의 고백을 경유해 연좌제가 가족들에게 끼칠 영향에 대한 두려움을 가중시켜 탈북과 체제 비판을 막는 데 효과를 거두고 있다고 진단한다. 라지브 나라얀, 「북한 정치범수용소에서의 인권침해 현황」, 『통일연구원 학술회의 총서』 제12권 제2호, 통일연구원, 2012, p.141.

넷째, 최소한의 근로조건과 노동환경을 제공해야 하는 경제적·사회적·문화적 권리를 무시하고 있다. 이는 인간이 노예상태로 전락하는 것을 금지하는 자유권협약에도 명백히 어긋난다. 정해진 노동량을 채웠느냐의 사안을 두고 식량 배급을 조절한다는 점에서 적절한 음식을 접할 수 있는 최소한의 권리도 도외시해 버렸다고 할 수 있겠다.

다섯째, 공개처형, 비밀처형, 암묵적 승인에 의한 살인방조 등의 행위는 인간성을 말살하는 가장 극단적인 반인륜 범죄에 가깝다. 이는 인간의 가장 근본적인 권리인 생명권 수호의 차원에서 접근해야 할 사안이며, 단순한 비인간적 처우의 문제와도 분리되어 비판받아야 한다.

여섯째, 영아와 아동보호의 의무를 무시함으로써 아동의 권리에 대한 국제적 합의를 간과하고 있다. 정치범 수용소에서는 자유의사에 의해 가정을 구성할 권리가 제한되고, 출생한 자녀를 가족의 테두리 내에서 돌볼 권리 등도 때에 따라 제약받는 것처럼 보인다.[44] 이 역시 명백히 존중받아야 할 사회의 최소단위인 가족의 결합권을 전적으로 침해한 것이라 할 수 있겠다.

일곱째, 여성에 대한 성적학대와 살해 방조 등을 통해 여성의 이중적 타자화를 사실상 용인하고 있다. 임신한 여성의 출산을 막고 낙태를 종용하거나 강제 낙태시키는 사례를 미뤄보면, 모성보호에 대한 권리 역시 생략되어 있는 것처럼 보인다.

이처럼 북한의 집단 수용소, 특히 정치범 수용소는 인간의 존엄

44. 혁명화구역에서는 '표창결혼'이라고 해서 예외적으로 결혼이 인정되고 출산이 인정되기도 하지만, 이는 일반적인 경우가 아니다. 또한 완전통제구역에서는 부모와 자식 사이일지라도 함께 살 수 없는 것으로 되어 있다. 이금순, 앞의 논문, p.270.

성 수호와 관련된 국제사회의 기초적인 협약들을 거의 모든 방면에서 가장 비참한 수준으로 어긴 결과물이다. 백두산 혈통을 따라 유일체제가 구축·세습되는 과정에서 체제유지의 부산물로 조성·확장된 장소란 점도 주지할 필요가 있다. 따라서 이 문제는 세계시민사회라는 당위적 목표를 언급하기 위해 가장 먼저 선결해야 할 사안에 해당한다고 할 수 있다.

그런데 이 과정에서 우리가 먼저 공유해야 할 관점이 있다. 사실 북한 인권 문제를 언급할 때, 우리가 쉽게 빠지는 오류가 있는데 조효제의 다음 논의는 그 부분을 정확히 지적하고 있다.

> 대다수 연구에서 북한 주민은 고통과 비참을 겪고 있는 객체이자 외부 개입을 필요로 하는 무기력하고 피동적인 존재로 그려진다. 스스로의 역량으로 변화를 이끌 수 있는 주체가 아니라 동정 받고 구출되어야 할 피해자로 묘사되곤 한다. 이것은 '대상화의 오류'로 이어지기 쉽다. 북한 주민은 인권 개선의 대상일 뿐만 아니라 '권리의 주체'라는 점을 명확히 하면서 모든 논의를 시작해야 할 것이다. 이는 북한 주민의 현 단계에서 스스로 권리를 적극적으로 요구·주장하느냐 혹은 일정 수준의 권리의식을 보유하고 있느냐 여부와 상관없이 그러하다.[45]

개인적으로 북한 인권문제를 접근할 때, 위 인용문에 나타난 통찰을 숙고할 필요가 있다고 본다. 북한 주민들의 처지와 입장, 그

45. 조효제, 「인권 패러다임 이론과 북한 인권 문제」, 『다문화사회연구』 제9권 제2호, 숙명여자대학교 다문화통합연구소, 2016. 8, pp.8-9.

들의 합리적 의사결정 역능을 간과한 상황에서 우리가 '진단-처방-치료'를 논하는 외부적 권력이 되어서는 곤란하다. 그 때문에 북한 주민들에 대한 보편적 인권 문제와 집단수용소라는 특수한 공간에서 불거진 인권 문제는 투 트랙 전략이 필요하다고 판단된다. 먼저 북한의 보편적 인권에 대한 논의는 '대상화의 오류'에 대한 충분한 검열을 거치면서 해결 방안을 모색해가야 한다. 반면 집단수용소에 강제 수감된 이들을 향한 논의는, 그들을 권리의 주체로 놓고 생각해야 한다는 전제에 수긍하면서도 좀 더 강력하고 실효적인 외부 개입을 우선시하지 않을 수 없다. 단 북한의 집단수용소를 실제 경험한 이들, 또는 집단수용소의 실태에 대한 실체적 정보를 갖고 있는 탈북자들이 공론장의 주체로 반드시 참여해야 할 것이다.

논의를 연장하면, 한국은 국제인권선언과 각종 규약을 근거로 유엔을 포함한 공신력있는 국제기구들과 공조 방안을 강구해야 한다. 북한 집단수용소 내 인권 문제는 대북 문제에 관한 다른 어떤 주제보다도 우선적이고 긴요한 사안이기에 한국은 '북한-지역 공론장(6자 회담 틀 등)', '북한-국제사회(UN 등)' 사이에서 조정자와 조율자의 역할을 감당하면서 정책 입안, 결정, 시행의 프로세스에 책임적인 자세를 가져야 한다.

여기서 우리는 이 책 서론에서 소개한 크리스토프 멩케와 아른트 폴만의 질문을 다시 상고할 필요가 있겠다. "시민들의 인권을 무시하는 독재적이고 대외정책적으로 공격적인 정권이 실제로 민주적 법치국가와 똑같은 국제정치적 인정을 받을 자격이 있는가? 만약 그렇지 않다면 '존중할 만한' 국가와 '존중받을 수 없는' 국가 사이의 경계를 정확히 어디에 그어야 하는가?"[46] 이 질문은 구체적 세부로 들어갔을 때 단순 대답이 어려운 질문이다. 이는 중국과 미국이 북한을 다른 입장에서 대해 온 것으로도 알 수 있다. 그럼에도 북한의 인권 문제의 위중함을 미루어 볼 때, 명확한 입장을 갖고 국제사회의 참여를 유도해야 한다. 그러나 집단수용소의 존재방식에 대해서만큼은 국제사회의 논조가 유사하게 통합될 가능성이 훨씬 크다고 판단된다. 세계시민주의의 광범위한 적용이 가능하다는 믿음은, 결국 인간의 보편적 권리에 기초해 세계시민권의 내용을 구성할 수 있다는 신념과 통한다. 그리고 세계시민권의 실질적인 발현은 개별 국가가 "민주주의의 세계시민적 개방"[47]에 동의하면서 실천될 수 있다. 그런 면에서 북한 집단수용소의 실태는 북한 주민들을 위한 세계시민권 보장과 세계시민사회로의 이행을 준비하는 단계에서 기층에 놓인 선결과제를 드러낸다고도 할 수 있겠다.

46. 크리스토프 멩케, 아른트 폴만, 앞의 책, pp.245-246.
47. 위의 책, p.256.

● 신적 질서의 제도화와 생활의 종교화: 〈김정일리아〉

주제 면에서 볼 때 <김정일리아>는 <요덕스토리>와 유사한 기획 하에서 만들어진 작품이라고 할 수 있다. <김정일리아>에 등장하는 12인의 탈북자들은 서로 다른 탈북의 이유와 탈북 과정을 증언하면서 북한의 이미지를 객관화한다. 그들의 증언 역시 북한 인권의 문제를 선명하게 드러내는 바, 특히 북한 정권의 비정상성과 비인간성을 동시에 폭로한다.

그럼에도 이 영화는 <요덕스토리>와 미묘한 차이를 가진다. 먼저는 스토리텔링 내용에 있어서 강조점이 다소 다르다고 여겨진다. 첫째, 김일성, 김정일이 우상화되는 방식이 좀 더 세세하게 묘사되는 편이다. 예컨대 <김정일리아>엔 김일성, 김정일이 한 국가의 지도자를 넘어 신적인 권능을 가진 이로 '교육-학습'되는 과정이 다양하게 묘사되어 있다. 그 때문에 우리는 신화화 된 인물을 정점으로 한 신념체계의 허구성을 느끼게 되며 신정정치에 가까운 통치 질서의 작동 메커니즘을 이해하게 된다.

김일성 우상화 과정에 주목해 보면, 초창기 김일성 이름 앞에 붙여진 수사만 180여 자에 달했다고 한다. 잘 알려진 대로 북한의 모든 출판물은 김일성, 김정일, 김정은의 교시로 시작되고, 북한의 모든 법령 역시 그들에 의해 제정된 것으로 알려진다. 덧붙여 북한 주민들이 받는 정규 교육과 비정규 사상교육을 분석하면 백두산 혈통 우상화 작업이 매우 중요한 주제라는 것을 알 수 있다. 이는 김일성 시대부터 점진적으로 진행된 작업으로 북한사회의 권위주의적 질서를 만드는 데 결정적 역할을 해왔다. 주지하다시피 알튀세르(Louis Althusser)는 자본주의 사회의 지배구조를 재생산하고 개인을 인준·장악하는 장치 중 하나로 교육을 언급한 바 있다. 그가 말한 '이데올로기적 국가장치(Ideological State Apparatuses)'[48], 곧 ISA 중에서 교육은 가장 합법적이고 강제적인 수단이 될 수도 있다. 그런데 정도의 차이가 있겠지만, 자본주의 국가에서 교육의 기능과 역할에 대한 알튀세르의 비판적 논조는 일부 사회주의 체제의 자기 변호 과정에 가장 적확하게 어울린다. 특히 폐쇄적 고립의 길을 자처해 온 북한 정권, 굴절된 사회주의 체제를 유지하고 있는 북한사회에 가장 적실하게 적용될 수 있다고 판단된다.

<김정일리아> 속 탈북자들은 그들의 의식을 오랜 시간 지배했던 김일성을 수식했던 찬양 일색의 언술을 증언한다. 그는 '신과 같이 받들어 모셔야 할' 영웅이었으며, '과연 오줌을 쌀까' 궁금한

48. 알튀세르에 따르면, 교육을 제외하고 종교, 가정, 법률, 정치(정당), 노조, 대중매체(신문, 라디오, 텔레비전 등), 문화(문학, 스포츠 등)는 국가 권력과 지배계급이 구축한 기존 질서에 대한 복종을 이끌어내는 도구가 되기도 한다. 루이 알뛰세르, 이진수 역, 「이데올로기와 이데올로기적 국가 장치」, 『레닌과 철학』, 백의, 1991, pp.139-140.

존재였다. '우리 아버지의 아버지, 어머니의 아버지이자 가장 위대한' 인간이었으며 '만경대에서 솟아난 위대한 태양'이기도 했다. 그 때문에 그들은 날로 피폐해지는 현실을 견디면서도 '21세기의 태양을 모시었기에 이토록 행복한 인민은 없다'는 말을 내면화하며 살았다. '한 세대에 두 제국주의를 때려 부순 5천년 역사에서 처음으로 맞이하고 높이 모신 민족의 영웅'이라는 진술 안에는 그를 중심으로 한 '배타적 공동체주의'가 확연히 실감된다. 이에 더해 '앉아서 3천리를 가는 신출귀몰'한 존재이면서 '동서남북을 휙휙 날아다니는' 신적 능력을 가졌다는 증언은 북한정권이 전일적 교육 시스템을 통해 북한 사회를 거대한 종교집단으로 만들어 왔음을 추측케 한다. 자신이 배우고 읽은 책에서 '김일성이라는 글자를 빼고 하나님을 넣으면 교회 책'이라는 말도 같은 맥락에서 이해된다. 그 연장선에서 김일성 사망 후, '이제는 세상이 끝나나?'라고 생각했다는 어느 탈북자의 증언도 과장처럼 느껴지지 않는다.

이러한 종교화 된 북한의 정치질서는 김정일에 의해 더욱 강화된다. 1980년 초 북한 정치 일선에 공식적으로 등장한 김정일 역시 "위대한 수령"이란 김일성을 향한 수식어를 거의 그대로 물려받는다. "위대한 영도자"로 일부 어휘가 교체되었을 뿐이다. 그처럼 김정일은 김일성에 대한 우상화 작업을 자기 자신을 향해 지속한다. 아버지의 권위를 빌려 자신의 통치 기반을 확립하기 위한

㉮ 아이러니의 시각화, 김정일리아

하나의 방편이었을 것이다. 그렇게 보면 1988년 김정일의 생일 때 공개됐다는 '김정일리아'[49]라는 꽃㉮은 김일성을 향한 신격화가 자신을 향해서도 대물림되고 있음을 보여주는 상징이라고 할 수 있다. 유사 신정정치 전략의 성공을 대내외적으로 공표하는 기표인 것이다.

<김정일리아>가 <요덕스토리>와 차별화 되는 두 번째 메시지는 바로 이 꽃말, 곧 '김정일리아'의 의미에서 발생한다. 사실 이 영화는 서로 다른 출생성분을 가진 탈북자들이 매우 다양한 입장에서 북한 사회의 기형성을 고발한다. 따라서 김일성, 김정일이 스스로의 통치 기반을 확립하기 위해 확대 재생산해 온 우상화·신격화의 논리들은 점점 기괴한 수사가 된다. 북한 주민들이 자신들의 삶의 현장에서 감당하고 있는 극단적인 고통과 북한 당국이 생산하는 희망적 담론 사이의 낙차가 해명하기 힘든 아이러니로 귀결되는 셈이다. 이때의 '낙차'는 관념으로 포장된 이상국가로서 북

49. 베고니아 품종을 개량한 이 꽃은 북한 주민의 김정일에 대한 애정과 찬양을 끌어내는 수단으로 사랑, 평화, 정의, 지혜 등을 상징한다고 한다.

한과 국제적 이해관계 속에서 비정상 국가로 분류되는 북한 사이의 거리감을 그대로 전달한다.

이처럼 <김정일리아>는 <요덕스토리>처럼 탈북자들의 증언을 뼈대로 한다는 점에서 동류의 다큐멘터리처럼 보이지만 일정한 차이를 가진다고 할 수 있다. 지금까지 기술한 내용이 스토리텔링 내용상의 차이라면 스토리텔링 방식에 있어서도 구별되는 부분이 있다. <요덕스토리>는 집단수용소 경험을 가진 탈북자들의 고백과 그들의 기억을 좇아 완성된 동명의 뮤지컬 '요덕스토리'의 공연(혹은 '공연연습') 모습을 교차시키는 방식으로 진행된다. 그런데 <김정일리아>는 다큐멘터리 제작 유형 중에서 '수행적 양식'의 특징을 분명히 한다. 예를 들면 정보를 열거하면서 논리를 구축해가는 설명적 양식과 달리 배우의 현대무용이 접목된 모노 퍼포먼스(㉯) 등을 삽입해 탈북자들의 뇌리에 각인된 고통스런 장면들과 그때의 세세한 감정 등을 시각적으로 표현해낸다. "경험과 기억의 주관적 특성"을 강조하면서 "실제의 것과 상상된 것의 자유로운 결합"[50]을 시도하는 다

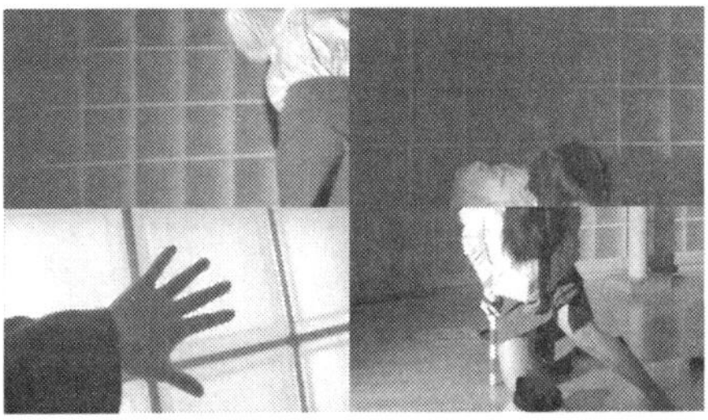

㉯ 수행적 양식으로 차용된 모노 퍼포먼스

50. 빌 니콜스, 이선화 역, 『다큐멘터리 입문』, 한울아카데미, 2012, p.211.

큐멘터리인 셈이다. 이는 <김정일리아>가 설명하거나 논증하는 다큐멘터리를 넘어 기억과 감정을 공유하도록 요청하는 작품이란 것을 말한다.

이에 대해 좀 더 부연하면, <김정일리아>를 연출한 미국인 감독 N. C. 헤이킨은 무용과 연극을 전공하고 실험극 배우로도 활동한 것으로 알려진다. 그래서 헤이킨은 탈북자 인터뷰를 중심으로 한 참여적 양식의 진행을 뼈대로 하면서도 아방가르드한 수행적 양식의 씬들을 배치시켜 감정을 고양시키는 전략을 택한 것으로 보인다. 이러한 연출 방식은 북한 인권 문제를 직설적으로 쟁점화하고 그에 대한 입장과 태도를 논리적으로 묻는 <요덕스토리>보다 <김정일리아>를 심미적 다큐멘터리로 전환시킨다. 헤이킨은 탈북자들의 증언이 갖는 직접적인 소구력을 신뢰하면서도 그들이 경험한 극단적인 상황들을 객관화하는 것이 불가능한 만큼 감정적 교응을 위한 주관적 재현에 힘을 쏟은 것이다. 이처럼 무용수의 퍼포먼스들이 탈북자의 증언들 사이사이에 배치되면서 우리는 '종교적 신념체계 위에 군림하는 이상국가로서 북한'과 '인류의 보편가치가 무시되는 비정상국가로서 북한' 사이의 아이러니를 직관적으로 수렴하게 된다.

다시 <김정일리아>의 내용으로 돌아가 인터뷰이로 등장하는 탈북자들의 면면을 자세히 들여다보기로 하겠다. 이 다큐에 등장하는 증언자는 모두 12명으로 그들은 신적질서의 제도화, 혹은 생활의 종교화가 진행된 북한사회의 억압구조를 다각도로 드러낸다. 그들의 북한에서의 직업 혹은 출생성분은 매우 다양하다. 북한군 장교, 피아니스트, 무용수부터 수용소 출생자까지 그들은 다른 환경에서 다른 형태의 압제에 노출된 경험을 가지고 있다. 이들은 결국 '허위'로 축조된 북한사회의 심층을 자기 경험에 의지해 폭로함으로써 전일적 시스템의 빈 구멍을 겨냥한다.

여기서 '전일적 시스템'이란 용어를 쓴 까닭은, 김일성, 김정일이 꾀했던 신적 권위에 기댄 통치방식이 체제 내 인준을 거부하거나 받지 못한 존재들을 '뿌리뽑힌 자'로 소외시키기 때문이다. 한나 아렌트가 증언한대로 국가와 법의 보호막에서 벗어난 자들은 현실사회에서 '뿌리뽑힌 자'가 될 수 있다. 그들의 실존적 환경은 보호장치가 없다는 점에서 자연 상태일 수 있다. 마치 인간 세상에 속하지 못하는 동물이 인간의 관점에서 특별한 동물종으로 분류되듯이 그들은 그들 내부 시스템의 관점에서 잉여적 인간종으로 분류될 수도 있다.[51] 사실상 북한은 체제 유지를 위해 잉여적 인간종을 양산하고 있고, 그들의 '잉여성'을 정치적으로 묵인하고 있으며 경우에 따라 사후적 구제장치도 없는 비인간적 환경으로 내

51. 한나 아렌트, 이진우·박미애 역, 『전체주의의 기원 1』, 한길사, 2011, p.541.

몰고 있다. 폭력적인 체제 인준 과정을 만든 후, 아무런 희망도 가질 수 없는 영구적인 배제 시스템을 구축하고 있는 것이다.

이러한 사정은 <요덕스토리>에도 출연한 바 있는 김 할머니[52]의 증언을 중심으로 다시 한 번 확인된다. 특이한 것은, <김정일리아>의 경우 김 할머니의 사연을 '절대적 외부의 체험'으로 놓고 그녀의 고통을 보편적 논리로 해석하려 들지 않는다는 것이다. 이를테면 북한 무용수 출신인 그녀의 얼굴은 우리에게 제대로 노출되지 않는다. 익스트림 클로즈업으로 깊게 패인 얼굴 주름과 분노로 치떠는 눈빛 등을 분절적으로 보여줄 뿐이다. 그러다가 영화는 그녀의 얼굴 주름을 따라 흘러내리는 눈물 한 방울(㉰)을 마주하게 하는데, 이때의 눈물은 롤랑 바르트가 푼크툼(punctum)[53]이라고 불렀던 그것, 곧 주관적인 해석과 공감을 이끌어

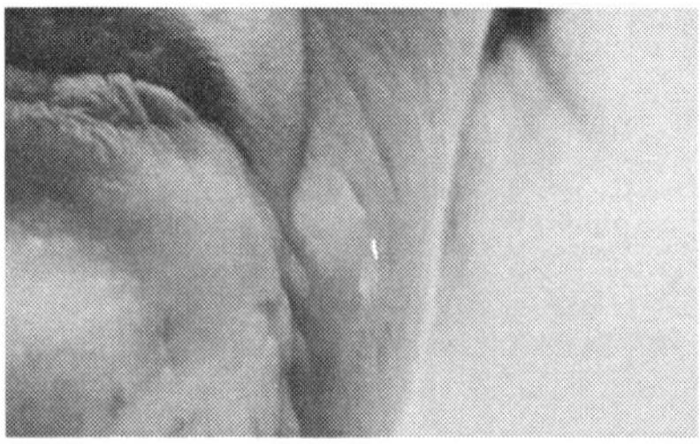

㉰ 공감의 확산을 견인하는 눈물 장면

52. <요덕스토리>에선 김영순이라는 이름으로 인터뷰에 응했고 얼굴 등을 완전히 노출했다.

53. 바르트(Roland Barthes)는 이미지 내에서 "찔린 자국이고 작은 구멍이며, 조그만 얼룩이고, 작게 베인 상처"라고 표현하면서 보는 이의 의식을 강하게 자극하는 우연적 요소가 푼크툼이라고 말한다. 예상을 벗어나 도착하는 돌발적인 감정을 지칭하기도 한다. 롤랑 바르트, 김웅권 역, 『밝은 방- 사진에 관한 노트』, 동문선, 2006, 41쪽.

내는 날 것의 이미지가 된다.

그 장면에 이르기 전, 그녀는 요덕 수용소에서 감금된 자들의 수감 배경을 언급한 바 있다. 김일성의 목 뒤에 난 혹을 발설해서 잡혀온 자, 김일성 얼굴이 나온 신문지를 장판 밑종이로 써서 끌려온 자 등이 있다는 것이다. 이는 북한사회가 합리적 법체계로 작동되는 근대 국민국가에 이르지 못한 전근대적 봉건국가에 가깝다는 것을 환기시킨다. 마치 신성모독죄가 엄히 다스려지던 중세 유럽의 모습처럼 백두산 혈통을 향한 신격화 분위기가 일상적 행동을 통제하고 있는 것이다. 그 때문에 요덕수용소에서 소중한 가족을 잃어버린 김 할머니의 눈물은 체제의 도그마에 상대화 된 '뿌리뽑힌 자'의 울분을 정서적으로 공감시킨다.

이때의 공감은 김 할머니가 북한 사회에서도 소외 계층, 종속적 위치에 놓였다는 단순 사실로부터 오는 게 아니다. 권력층, 혹은 지배계급에 속하지 않는 자들 간에도 어떤 '차이'가 존재한다는 성찰에서 주어진다. 그녀의 체험은 북한 주민들이 경험하고 있는 불행을 단순화해서 말하는 것 자체가 폭력일 수 있다는 문제제기, 그 자체인 것이다. 그녀의 증언을 통해 감지되는 그녀 자신의 '타자성'도 북한 인권 문제를 쉽게 말하는 자들의 논리에 틈새를 만드는 계기가 된다. 그녀는 분단된 한반도라는 기이한 상상 공간 내에서 매우 특별한 서발턴(subaltern)인 것이다. 그 연장선에서 <김

정일리아>가 그녀의 얼굴을 정면으로 보여주지 않으면서 그녀의 분노와 저항의 목소리를 한 방향으로 각색하지 않는 이유는 매우 윤리적이라고 느껴진다. 분단된 한반도에서 그녀는 (제대로) '말할 기회를 박탈당한 자'이기 때문이다. 요컨대 <김정일리아>는 그녀의 울분이 낭만화 될 수 있는 위험[54]을 윤리적으로 차단하며 정서적 메시지를 중층화한다.

김 할머니를 포함해 <김정일리아> 인터뷰이들의 증언 중 가장 인상적인 내용은 위험천만한 탈북과정에 대한 고백과 관련된다. 그들의 증언을 모아보면, 대다수의 탈북은 적극적인 자유를 실천하기 위한 의미라기보다는 인간으로서 최소한의 자유를 누리기 위한 목적이 뚜렷하다. 그들이 탈북과정에서 감수한 공포와 고통의 크기만큼 인간적인 삶을 향한 절박감의 크기가 느껴진다. 영화 후반부에 이르면, 중국 공안의 눈을 피해 탈북자들을 구출·이송하려는 한 선교단체의 구조 시도가 생생하게 나온다. 그런데 결국 구출에 실패하면서 탈북자들의 운명이 어떻게 됐는지는 영화에 담기지 않는다. 우리는 연출되지 않은 그 긴박한 순간을 마주하면서 자유의 땅을 밟기까지 계속되는 탈북자들의 생생한 고통

54. 가야트리 스피박 외, 태혜숙 역, 『서발턴은 말할 수 있는가?』, 그린비, 2013, 105-106쪽.

을 대리체험하게 된다.

곧이어 등장하는 한국 사회운동가 최영훈 씨의 모습은 우리에게 실천적 입장을 요구한다. 그는 탈북자들을 돕다가 중국 구치소에 갇혀 육체적·정신적으로 망가져버린 상태다. 카메라는 김할머니의 얼굴을 잡을 때처럼 그의 불안한 눈빛 등을 분절해 익스트림 클로즈업으로 보여주면서 감시와 통제, 구속과 처형이 일상화 된 북한사회의 비인간성을 정서적으로 공감시킨다. 그러한 이미지텔링은 우리의 해석을 윤리적으로 개방하는 동시에 그의 현재에 대한 채무의식을 전하는 데까지 나아간다.

㉣ 신적 위상으로 등장하는 김정일 초상화

㉤ 북한체제의 모순을 보여주는 엔딩씬

<김정일리아> 후반부에 액자식 구성으로 삽입된 북한영화, 곧 선전·선동용 영화 속 한 장면을 보면, 김일성, 김정일 등을 향한 신념체계가 북한 주민들의 일상에 끼치는 영향 등이 확인된다. 해당 부분 앞에 서사적으로 어떤 내용이 있었는지 정확히 파악할 길이 없지만, 극중 인물은 아버지의 부재 때문에 서글픔과 서러움

을 경험 중인 한 가족이다. 어린 남동생이 먼저 슬픔에 잠겨 있는 큰 누나에게 "누나 그러지 말아, 우리 집에도 아버지가 계셔"라고 씩씩하게 말한다. 이때 집안에 걸려 있는 김정일 초상화(㉣)가 프레임 가득히 클로즈업 되면서 곧바로 '장군님을 믿고 삽니다'라는 찬가가 흘러나온다. 이는 그 자체로 백두산 혈통을 중심으로 구축된 북한 사회의 가부장적 질서를 가시화한다. 서사적으로 보면, 김정일 초상화가 고대 그리스 비극의 클리셰에 해당하는 '데우스 엑스 마키나(deus ex machina)'[55]로 등장하여 그간의 모든 갈등을 일순 봉합시키고 있는 것으로 보인다. 결과적으로 그 장면은 기독교인들에게 하나님이 영적·정신적 '아버지'로 호명되는 것처럼 북한 사회에서는 김정일이 유사한 위상을 차지하고 있다는 것을 확인시킨다.

곧이어 <김정일리아>에는 지금까지 등장한 인터뷰이들의 꿈이 하나씩 나열된다. 우리는 그들이 북한 땅에서 경험한 고통과 탈북 과정에서의 공포 등을 이미 만난 바 있다. 그래서 우린 그들의 북한 땅을 향한 다른 종류의 소망에 심정적으로 동참하게 된다. 영화의 엔딩씬에서는 북한사회에 편재한 선전선동용 그림 속 인물

55. 고대 그리스 비극에서 사용되던 극작술의 한 유형으로 '기계장치의 신'으로 번역된다. 초월적 힘에 의해 고조되었던 갈등이 단숨에 해결되는 것을 의미한다.

들의 의지에 찬 표정들이 다양하게 모자이크 되어 지나간다. 이때 본 영화에 출연한 인터뷰이들의 얼굴이 전체 모자이크 속 한 조각으로 떨어져 나오게 된다(㉺). 북한당국이 선전·선동용으로 그려 놓은 그림 속 가상 인물들 배면에서 북한 사회의 민낯을 실제적으로 보여주는 탈북자들의 표정이 튀어나오는 것이다. 이로써 이 영화는 이상과 현실 사이의 거리감을 전하며 북한의 비극적인 맨얼굴을 강조한다. 심미적 해석과 윤리적 반응을 종용하는 '주관적 재현' 장면은 북한 사회의 비정상성과 북한 정권의 비인간성을 동시에 느끼게 한다.

결국 <김정일리아>의 엔딩 크레딧이 올라갈 때, 우리에게 던져진 질문은 '누가 그리고 어떻게 그들을 구원할 것인가'의 문제다. 이 질문은 탈북자들이 자기 고향과 고향에 두고 온 가족을 바라보는 시선을 경유해 우리에게 당도한다. 이 질문의 무게는 한국에 사는 우리 각자의 의지나 능력을 초과한다. 북한의 외부에 있는 우리가 개인 자격으로 그들의 문제에 개입할 수 있는 여지는 사실상 거의 없다. 다만 우리는 울리히 벡이 국가세계시민화 전략을 나열하는 중 인권 그 자체가 권력의 원천이 될 수 있다고 주장한 부분에 귀를 기울여야 한다. 세계시민적 타당성을 갖는 최소도덕이 국가행위의 권력기초가 되어야한다는 당위적 명제[56]를 활용해야 하는 것이다. 벡에 따르면, 인권이라는 이름의 도덕을 내세울 때 군사적 폭력의 권한을 포함한 모든 권력을 정당하게 행사할 수 있게 된다. 현실의 사례로 말하면, UN의 '북한 인권결의안', '대북제재 결의안' 등을 통해 우리가 당위적으로 활용할 수 있는 도덕적 권력이 만들어진 바 있다. 현실에서 이 문제는 UN 안보리 상임이사국 중에서 북한과 다소 다른 결의 이해관계를 가진 러시아, 중국 등에 의해 난관에 봉착하곤 했다. 따라서 우리는 국제사회 내에서 보편 인권에 대한 공동의 추구가 정치적 이해관계보다 우선한다는 원칙이 통용되기까지 정치력과 외교력을 발휘해가야 한다.

북한은 오랜 세월 신적 질서의 가부장적 제도화가 진행된 나라다. 결국 통일한국으로 가는 과정에서 우리는 북한 주민들의 의식과 관념을 지배하고 있는 신념체계를 희석시켜야 한다. 이는 특정 종교에 투신해서 살아온 신앙인을 '개종'하는 과정과 다를 바 없다. 북한이 세계시민사회로 나아가기 위해선, 북한당국이 세뇌시켜 온 '배타적 공동체주의'가 생략하고 배제해 온 것들을 국제법적 협약에 의해 복권시키는 작업이 필요한 셈이다. 따라서 앞에서 언급한 것처럼 국제적 연대를 통해 북한에 행사할 수 있는 도덕적

56. 울리히 벡, 앞의 책, 359-360쪽.

권력의 내용과 범위를 합법적으로 만들어갈 수 있는 노력이 진행되어야 한다. 희망을 섞어 말하면, 2018년 '4.27 판문점 선언'을 통해 김정은 스스로가 개방과 개혁의 제스처를 취한 만큼 이 문제의 해법은 과거보다 훨씬 수월하게 풀릴 수도 있을 것이다.

2차 세계대전을 거친 후 제정된 독일 연방공화국 기본법 제1조 2항은 "독일 국민은 침해할 수 없고 양도할 수 없는 인권을 세계의 모든 인간 공동체와 평화 및 정의의 토대로 인정한다."[57]이다. 이전까지 나치즘에 열광했고 도취됐던 독일 국민들은 배타적 폭력성의 논리에 길들여져 있었다. 그 때문에 그들이 우선 지켜내고자 했던 건, 세계인과의 평화로운 연대와 정의로운 공존의 토대가 되는 인권이었다. 주변국들에게 복잡한 방정식으로 존재하는 북한 인권 문제에 대한 접근은 그러한 입장에 북한을 동참시키면서 풀려나갈 수 있을 것이다.

57. 크리스토퍼 멩케·아른트 폴만, 앞의 책, p.184에서 재인용.

(2) '탈국가적 시민성'은 어떻게 부정되는가

● 냉전시대의 폭력, 선전 · 선동의 도구로서 인간: 〈푸른 눈의 평양시민〉

우리는 제2차 세계대전 이후 미국과 구소련을 중심으로 펼쳐진 갈등의 국면을 다룰 때 '냉전(cold war)'이라는 용어를 사용한다. 이 표현은 월터 리프먼(Walter Lippmann)이 1947년에 내놓은 『냉전(The Cold War)』이라는 책의 제목에서 시작되었다. 이후 미대통령의 고문이었던 버나드 바루크(Bernard Mannes Baruch)가 '트루먼 독트린(Truman Doctrine)'에 대한 논쟁 중 의회에서 이 용어를 사용함으로써 보편화되었다고 알려진다. '냉전'이란 말의 세부적인 의미는 실제 전쟁 개념을 '열전(hot war)'으로 상대화할 때 더 직접적으로 와 닿는다. 바꿔 말해 상대에게 물리적 해를 입히는 무력을 활용하지 않고, 외교나 선전 등으로 벌이는 신경전(war of nerves)과 그로 인해 유지되는 긴장상태 등을 '냉전'이라고 부를 수 있는 것이다.

다시 강조하면, '냉전'이라고 명명된 국제적 긴장의 중심 축 중 하나는 미국이었다. 미국은 자유 민주주의를 수호하려는 구심력과 자유 민주주의를 확산하려는 원심력의 진원지에 해당했다. 미국의 그러한 역할을 대외적으로 확실하게 천명한 선언이 '트루먼 독트린'이었다고 할 수 있다. 그런데 1960년대를 지나면서 자유 민주주의 체제의 안정적 확산이라는 미국의 목표는 큰 저항을 받게 된다. 구소련을 중심으로 한 사회주의 동맹국들은 강력한 이념 질서를 확립하고, 내부의 결속력을 강화해갔다. 큰 틀에서 북한도 구소련, 중국과의 연대 속에서 사회주의 블록을 형성하는 데 일조하게 되었다.

<푸른 눈의 평양시민>은 바로 그 시기, 그러니까 냉전시대의 적대적 논리가 국제사회를 양분하던 무렵으로 우리를 데려간다. 1962년. 가장 선명한 냉전의 표지가 있는 한반도 휴전선 철책선 근방이 바로 이 영화의 출발점이다. 이미 <천미라 축구단> 등을 연출한 바 있는 대니얼 고든은 그곳에서 벌어진 충격적인 사건을 40여 년이 지나 뒤쫓는다. 이 영화의 인터뷰이는1962년에 휴전선을 넘어 북한으로 귀순해 평생을 그곳에서 보낸 주한미군 드레스녹(James Joseph Dresnok)이다. 그의 이야기는 당시 격화된 체재 경쟁 분위기 속에서, 또 복잡한 정치적 이해관계 속에서 자유 민주주의 진영엔 잘 알려지지 않았다.

㉮ 평양에 위치한 김일성의 거대 동상

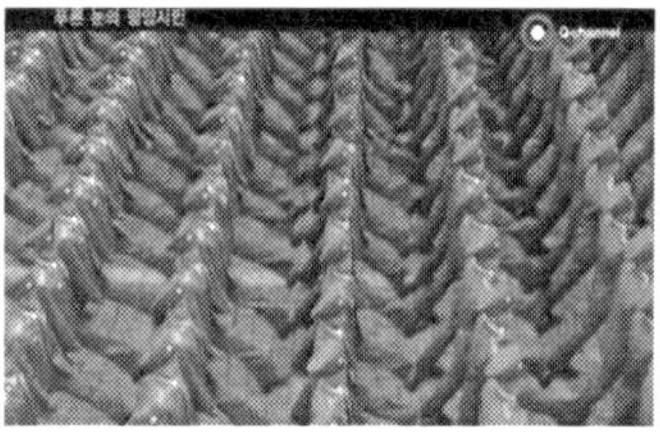

㉯ 북한군의 일사분란한 열병식 장면

대니얼 고든의 연출 스타일대로 이 영화는 폐쇄적인 북한을 상징하는 기호를 담은 쇼트들, 이를테면 북한의 전체주의적 분위기를 보여주는 매스게임, 거대한 동상 장면(㉮)과 선전선동의 슬로건을 담은 장면, 사열대 앞을 일사분란하게 행진하는 북한군의 열병식 장면(㉯) 등이 연쇄한다. 그러한 몽타주는 생경함을 넘어 때론 공포와 부정적인 긴장을 자아내는 바, 드레스녹은 자발적으로 그 세계로 걸어 들어갔고 그곳에 정박했다. 충격적인 것은, 드레스녹의 귀순을 전후로 3년 사이에 미군 귀순자가 3명 더 있었다는 사실이다. <푸른 눈의 평양시민>은 드레스녹을 중심으로, 또 드레스녹의 관점에서 그들이 조국을 버리고 북한으로 간 이유, 북한에서의 적응 과정, 체제선전과 선동의 도구로 활용되어 온 삶 등을 소개한다. 영화 도입부 내레이션은 드레스녹의 북한 귀순을 다음과 같이 서술하며 논점을 촉발시킨다.

한 미국인이 북한에서 누구도 겪지 못한 방식으로 냉전을 경험한다.
전 세계에서 가장 고립되고 접근하기 힘든 반미 국가 속의 이방인.
한 사람이 지배하고 한 당이 통제하는 군사국가.

영화 속 드레스녹의 증언에 따르면, 귀순 직후의 그는 북한 사회의 이질성을 부정적으로 느끼기도 했다. 그러나 그 환경에 익숙해지면서 그는 북한의 시스템과 타협할 수밖에 없었고 점차 적응해 가게 된다. 이때 감독은 이야기 세계 내에 직접 개입하지 않고 드레스녹과 주변 관련자들의 증언을 엮어가면서 사태를 객관적으로 바라보게 한다. 그 와중에 우리는 드레스녹의 증언들을 어디까지 진실로 받아들일 것인가, 혹은 드레스녹이 맹목화를 조장하는 이념 질서에 사로잡혀 자기 처지에 대한 객관적 판단을 하지 못하고 있는 건 아닌가, 하는 질문을 지속적으로 던지게 된다.

일단 드레스녹이 귀순을 하게 된 과정을 보면, 개인사의 아픔과 고통을 회피하려는 충동에 원인이 있었던 것으로 보인다. 그는 가난과 폭력이 상존하는 불행한 가정환경 속에서 성장한다. 부모는 불화했으며 어린 드레스녹을 제대로 돌보지 않았다. 친척집을 떠돌며 눈칫밥을 먹어야 하는 날들이 많았으며, 떠나버린 어머니를 대신한 계모는 끝내 자신을 받아주지 않았다. 결국 고아처럼 지내며 제대로 된 교육조차 받지 못한 채 교도소 생활까지 경험한 그는 불과 열일곱 살에 군입대를 결심한다. 그 무렵 사랑하는 여자와 일찍 결혼했으나 서독에서 군생활을 마치고 돌아오자 아내는 이미 다른 남자에게 가버린 뒤였다.

한국이라는 낯선 나라는 그런 비극적인 개인사로부터 도피하기 위해 다시 군입대한 후 맞닥뜨린 새 발령지였다. 극도로 가난한 나라였지만, 군부대 주변에 미군을 위한 유흥문화는 잘 발달해 있던 터라 그는 유흥가에서 한국 여자에게 빠져 군생활을 소홀히 하게 된다. 외관상 전혀 상관없는 듯 보이지만, 북한으로의 귀순이라는 엄청난 결심을 하게 된 것도 그런 사생활과 관련된다. 이를테면 그가 외출증을 위조한 후 유흥가의 한국 여자를 만나기 위해 근무지를 이탈한 것이 북한 귀순의 결정적 계기가 되었다. 상관은 이 사건을 엄히 다스리기 위해 드레스녹을 군법회의에 회부하려 한다. 드레스녹은 그 위급한 상황에서 자신의 불행한 삶에 회의를 느낀다. 불우한 어린 시절을 포함해 결혼 실패, 군생활 부적응으로 이어진 자신의 지리멸렬한 삶을 어떤 '속박'으로 받아들인 것이다. 그리곤 자신의 고통스런 과거와 결별하기 위해 무모하게도 북한행을 선택한다.

㉰ 4명의 북한 귀순 미국인

일정부분 충동적인 선택이었을지 모르지만, 일단 휴전선을 넘은 이상 드레스녹은 북한에 적응해야 했다. 북한 체제 내에서 불구대천의 적으로 간주된 미국 국적을 가졌고, 외모적인 차이도 뚜렷했기에 드레스녹의 북한생활이 마냥 쉽지만은 않았다. 그럼에도 시간은 북한사회에 대한 적응을 도왔다. 그보다 앞서 월북해 북한에 정착해 살고 있던 미군 앱셔도 그의 북한생활에 큰 도움이 된다. 이듬해(1963년)에는 국경 순찰 중 특수 요원 패리쉬가 북한으로 넘어왔으며 1965년엔 야간 순찰 지휘 중 중사 젠킨스가 소총을 들고 월북해 왔다. 그처럼 드레스녹은 의지할 만한 친구들을 만날 수 있었고 그들과 함께 북한생활의 갈피를 잡게 된다(㉰). 영화의 시선에 따르면, 드레스녹을 포함한 그들 모두는 고교중퇴자로 제대로 학업을 끝내지 못해 군생활 이후의 삶을 보장받을 수 없었다. 가정불화나 가난 등의 문제를 안고서 상대적으로 불우한 성장과정을 거친 점도 공통적이다. 감독은 그들이 경험한 개인적 불행을 월북의 결정적 이유라고 말하진 않는다. 그럼에도 우린 북한으로의 돌이킬 수 없는 망명을 택한 그들의 결정을 어떻게든 설명하고 싶어진다. 가정불화와 가난이라는 그들의 공체험이 유효한 동기처럼 느껴지는 것은 그런 해석적 열망과 닿아 있다.

어쨌든 이후 그들의 삶은 북한당국의 의지에 따라 점차 도구화된 것으로 보인다. 그들은 대남방송을 떠들어대는 확성기를 통해 북한을 지상낙원으로 포장하는 데 앞장선다. 반미 선전자료를 제작하는 데 도움을 줘야 했으며, 북한당국이 주민들에게 체제우월 논리를 설파하는 데 직접 증거로 활용되기까지 한다. 처음에는 대접받는다는 느낌을 가졌던 그들은 점점 그 일에 지치게 되고 북한 체제 내에 안착할 수 있다는 자신감을 상실한다. 그래서 그들은 이념적·문화적 차이를 극복하지 못한 채 소련 대사관으로 망명을 시도하기도 한다. 망명이 거부당하면 돌이킬 수 없는 결과가 주어질 수 있다는 사실을 인지한 상태에서의 실천이었다.

㉣ 배우로 영화에 출연한 드레스녹

그러나 소련 측의 거부로 망명 계획은 무산되고 그들은 체포되어 다시 북한에 머물게 된다. 처벌을 앞두고 있던 그들에게 북한은 다시 한 번 기회를 준다. 아마도 그 순간 드레스녹은 더 이상 다른 선택지가 없다는 것을 느꼈을 것이다. 그래서 드레스녹은 북한 체제에 더욱 적극적으로 투신하기에 이른다. 북한당국의 입장에서 그들이 처벌을 면한 이유를 생각하면, 체제 선전을 위한 도구로서의 가치가 그만큼 높았던 것으로 보인다.

1970년대 이후 선전·선동의 도구로 영화의 위상이 커진 이후, 드레스녹은 북한 주민들 사이에서 일약 스타덤에 오른다(㉣). 혁명의식을 고취시키는 다양한 북한영화 속에서 악랄한 미군·미국인 캐릭터를 도맡으면서 자기 역할을 찾은 것이다. 실제로 그는 상당수의 영화에서 반동인물 역할을 효과적으로 해내며 북한사회가 지향하는 자주적 인간상을 확인시키는 데 일조한다. 혁명적 건설에 주인다운 태도로 투쟁하는 영웅을 빛내는 허구적 캐릭터가 된다. 주체에 맞는 개조를 지향하는 이른 바 '주체 문예이론'에 필요한 기능에 복무하게 된 것이다. 그래서 그는 십수 년간 북한식 혁명영화의 한 축을 담당하면서 '위협'의 실체이자 '배제'의 대상을 연기하며 자기소임을 다한다.

결국 드레스녹이 강제 납북 의혹을 받는 루마니아인 여성을 아내로 맞이해 평양에서 행복하게 살 수 있었던 것도, 자식들을 북한에서 대학까지 보낼 수 있었던 것도 그러한 '자기소임'에 충실했기 때문으로 풀이된다. 그렇게 그는 북한의 대외적인 체제선전 과정에 적극적으로 불려 다니면서, 대내적으론 사상교육의 교보재로 쓰이면서 이질적인 북한사회에 안착하게 된다. 그의 증언에 따르면 '고난의 행군' 시기에도 그는 매일 800g이 넘는 쌀을 지속적으로 배급받았으며 원하는 것을 안정적으로 누리는 생활을 제공받았다.

그런 까닭에 그는 미국과 북한, 자유 민주주의 진영과 사회주의 진영 사이에 압착된 '경계인'이면서도, 김일성에서 김정일로 이어지는 북한식 유일체제에 완전히 복속된 개인으로 거듭난다. 인터뷰 내내 그는 자신의 삶을 후회하지 않는다고 강조했고 오히려 행복하다고 고백하면서 '위대한 수령님'에 대한 충성을 보인다. 심각한 합병증으로 건강이 매우 안 좋은 상황에서도 그는 북한당국을 향한 신뢰와 북한 체제에 대한 자부심을 잃지 않는다.

그런 그를 지켜보면서 영화 말미에 우리는 몇 가지 의문 앞에 서야 한다. 이를테면 드레스녹의 증언은 모두 진심에 기반한 진실인가. 그 스스로 진심, 혹은 진실이라고 착각할 정도로 북한 체제에 맹목화·신념화 돼 버리진 않았는가. 이제 와서 북한에서의 생활을 후회하거나 북한체제를 비판한다는 건 자기 삶 전체에 대한 부정이라는 점에서 진짜 감정을 숨기고 있진 않는가. 북한에서 계속 살아가야 할 자식들의 삶을 고려해 솔직한 입장을 감출 수밖에 없진 않는가. 그 외에도 여러 의구심이 끝까지 우리의 시선을 예민하게 하는 바, 이 같은 영화체험은 <푸른 눈의 평양시민>의 미덕과 연결된다.

물론 감독은 그러한 의구심에 자신의 입장을 표명하지 않는다. 다만 드레스녹이 냉전시대의 대결적 입장을 견지하고 있으며 '주체를 통한 자립'의 논리를 수용하고자 애써 왔다는 사실을 은연중에 전한다. 감독의 논조를 짐작해 보건대, 북한의 규율권력에 순응하는 방식으로 드레스녹의 증언이 '자가 검열' 되었을 가능성은 존재한다. 이러한 판단은, 그와 젠킨스 사이에 고조되어 온 갈등을 통해서도 일정부분 확인 가능하다.

이를테면 4명의 귀순 미국인 중 젠킨스와 드레스녹을 제외한 두 명의 동료는 일찍 죽는다. 오로지 젠킨스만 드레스녹의 이웃으로 함께 살아가게 된다. 영화 속 정보에 따르면 젠킨스는 강제로 납치돼 북한에 오게 된 일본 여성과 결혼한 후 북한사회에 안착한다.

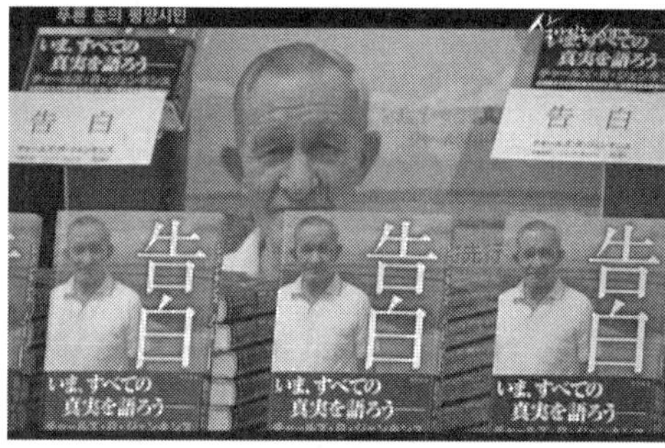

㉰ 젠킨스가 일어로 출간한 자서전

그런데 드레스녹과 젠킨스의 관계는 서로 호의적이지 않았다. 드레스녹의 입장에서 젠킨스의 성격, 태도 등은 항상 분란을 일으키는 원인이 되었다. 정확한 사실 확인은 어렵지만, 드레스녹은 젠킨스의 일본인 부인과 불륜 관계에 있었다는 말까지 한다.

그런데 그들 사이의 갈등이 심각하게 돌출된 계기는, 젠킨스가 일본으로 탈출한 자기 아내를 따라 40여년 만에 자유 민주주의 진영으로 재망명하면서부터다. 이후 젠킨스는 자유민주주의 진영에 서서 북한정권의 불합리성과 비인간성을 고발하며 북한에서의 삶을 끔찍한 추억으로 돌린다(㉰). 그런 젠킨스의 돌변을 건네 들은 북한의 드레스녹은 과격한 언어까지 동원해가며 그를 격렬히 비판한다. 우린 그 순간 40여년을 북한에서 함께 견딘 두 미국인의 다른 최후를 이채롭게 바라보게 된다.

그들이 북한사회에 순응하며 사는 동안 우리가 아는 냉전시대는 사실상 종식된다. 그러나 젠킨스의 탈북 이후 그 둘은 냉전이 완전히 끝난 것만은 아니라는 사실을 보여주는 실존적 기표가 된다. 드레스녹은 외모만 미국인인 북한 주민으로 북한식 사회주의 노선을 맹렬하게 신봉하는 인물이 된다. 젠킨스는 자의든 타의든, 진심이든 아니든 이제 자유 민주주의 진영 속에서 자신의 가치를 높이고 안전을 확인받기 위해 북한에서의 지난 세월을 강하게 부정하기에 이른다.

결과적으로 드레스녹과 젠킨스는 북한에서 탈국가적 시민성이 불가능하다는 것을 보여주는 전혀 다른 지점의 사례들이 된다. 그들의 엇갈린 입장과 태도는, 결국 인간사회를 위해 만들어진 이념이 인간을 규제하고, 더 나아가 공동체의 제도와 사회적 관습을 완전히 지배하는 풍경을 상기시킨다. <푸른 눈의 평양시민>은 그러한 특수하고 사적인 냉전적 관계망을 통해 이념에 도구화된 인간의 비극을 그리고 있는 것이다.

20대의 드레스녹이 행한 일탈적 선택과 이후의 자기 삶에 대한 인식을 매도할 수만은 없다. 불행해 보이지만, 그 스스로 만족스러워 하는 것을 억지로 폄하할 권리는 없는 것이다. 그러나 짚고 넘어가야 할 부분이 있다. 그가 북한당국으로부터 누리고 있는 혜택이 평범한 북한 주민들이 감내하고 있는 고통스러운 삶 위에서 주어진 것이라는 사실이다. 드레스녹의 증언에 따르면, 그는 폭압적 규제와 가난, 기아에 시달리면서 고통받는 북한 주민들의 처지를 매우 잘 알고 있다. 차별적 우대를 받고 있는 자기 삶을 지키기 위해 그는 북한사회의 요구에 타협하고 있는 셈이다. 그러니까 그는 자신의 특권적 안녕과 일반 주민들의 고통 사이에 상존하는 북한정권의 문제를 이기적으로 봉합한 것처럼 보인다. 자기 생애를 긍정하기 위한 논리 안에 정박하면서 문제의 본질을 외면하는 생활이 습관화된 것이다.

드레스녹이 이 영화를 연출한 감독과 우리에게 요청하는 것은, 윤리와 도덕에 있어서의 상대주의인지도 모르겠다. 외부에서 볼 땐, 북한체제가 부당하게 느껴질지 모르지만 내부에서 살다보면 정당하고 합리적이라는 인식을 강조하기 때문이다. 여기서 이미 인용한 바 있는 애피아의 견해를 다시 한 번 떠올려보기로 하자. 이 인용문은 자기 생애를 긍정함으로써 북한체제를 합리화하는 드레스녹을 앞에 두고, 감독 대니얼 고든이 취한 '침묵'을 설명해 준다고도 할 수 있겠다.

윤리와 도덕에 관한 상대주의가 진리라면 정말로 그렇다면 수많은 토론을 거친 끝에 우리 각자는 결국 "내가 서 있는 곳에서는 내가 옳다. 그렇지만 네가 서 있는 곳에서는 네가 옳다."라고밖에 말할 수 없을 것이기 때문이다. 그리고 더 이상 대화가 불가능할 것이다. 우리가 다른 관점을 갖게 되면, 우리는 효과적으로 다른 세계에서 살아나갈 것이다. 그리고 공유된 세계가 없다면, 토론할 필요가 있겠는가? 사람들은 흔히 상대주의가 우리를 관용으로 이끌 것이라고 생각하기 때문에 상대주의를 권고한다. 그러나 우리가 무엇을 생각하고 무엇을 느끼고 무엇을 행하는 것이 옳은지 서로에게서 배울 수 없다면, 우리 사이의 대화는 무의미할 것이다. 그와 같은 상대주의는 대화를 장려하기는커녕, 단지 우리를 침묵하게 할 뿐이다.[58]

결과적으로 <푸른 눈의 평양시민>이 드레스녹을 통해 성찰하게 한 것은 이념이 재편하는 인간사회의 폭압성인지도 모른다. 북한당국이 인준하는 '모범적 인간상'에 부합해 살아온 드레스녹 내면의 진실은 끝까지 가늠되지 않는다. 드레스녹의 언어와 행동을 그대로 받아들일 때, 그는 '위대한 수령님'의 가르침을 신앙으로 받아들인 채 혁명적 의리를 지켜 온 경계인이다. 그러나 영화의 시선을 명민하게 경유하면, 우리는 드레스녹을 '설명할 수 없는 존재'로 남겨두게 된다.

58. 콰메 앤터니 애피아, 앞의 책, 83쪽.

특히 그와 젠킨스가 북한에서 보낸 인생은 그 자체로 이념적·제도적·문화적으로 길항하는 두 세계를 상상하게 한다. 북한사회와 서구사회가 접합한 지대에서 형성된 정치적·이념적 '혼종성(hybridity)'을 상기시키는 것이다. 갈등으로 끝난 그들 사이의 관계는 북한의 서구사회를 향한, 그리고 서구사회의 북한을 향한 '동일화(주체화)'의 힘과 '탈중심화(타자화)'의 힘이 동시적으로 작동하면서 생성된 분열의 틈새를 드러낸다. 그들이 북한에 대해 취한 영화 속 마지막 입장은, 북한권력이 그들에게서 기대한 '동일성의 효과'가 분열되는 징후[59]를 그대로 보여준다고도 할 수 있겠다.

덧붙여 이 영화에는 간과할 수 없는 또 다른 쟁점이 녹아있다. 드레스녹은 그 스스로 보지 못했지만, 우린 그의 주변에 머물렀던 자들의 비극을 직시할 필요가 있다. 드레스녹의 주변에는 스스로 북한에 귀순한 자도 있었지만, 거짓말과 속임수에 꼬여 월북한 자, 강제로 납북된 각기 다른 국적의 사람들이 있었다. 심지어 드레스녹을 포함한 네 명의 미국인은 모두 비밀스러운 과거를 가진 다른 국적의 아내와 결혼한 것처럼 보인다. 그리고 그녀들의 '비밀스러움'은 북한당국이 행한 문제적 행동, 곧 북한의 치부와 연관된다고 추정된다. 따라서 드레스녹 주변의 인물들, 곧 비극적

59. 호미 바바, 나병철 역, 『문화의 위치』, 소명출판사, 2016, p.208.

경계인들의 존재를 구실 삼는다면 드레스녹의 삶과 생각에 얽힌 모순, 더 나아가 북한이라는 나라의 모순을 읽어낼 수 있다고 생각된다. 바로 그 모순으로부터 북한을 국제적 담론장으로 끌어내는 논리가 만들어질 수도 있을 것이다.

드레스녹과 드레스녹 주변인물들의 삶은 단순한 '차이'로 용인될 수 없는 문제들을 안고 있다. 세계시민주의가 다양성의 수호, 차이에 대한 존중, 타자의 가치에 대한 상대적 인정을 토대로 한다지만, 그들의 삶에 비친 북한은 도덕과 윤리의 차원에서 최소한의 이웃이 될 자격이 없어 보이기까지 한다. 그 때문에 이 영화의 진정한 메시지는 드레스녹이 자신있게 내뱉는 언어 배면에 감춰져 있다. 2018년 4월 남북정상회담에서 김정은이 밝힌 말과 생각을 신뢰한다. 북한을 새로운 방향으로 변화시켜가려는 그의 진심을 믿어볼까 한다. 그렇다면 그는 이 다큐멘터리 속 드레스녹의 내면을 좀 더 오래 들여다볼 필요가 있을 것이다.

● 배타적 민족국가 논리의 안과 밖: 〈북한을 가다: 홀리데이 인 평양〉

<북한을 가다: 홀리데이 인 평양>(이하 '<북한을 가다>')은 세계적인 다큐멘터리 전문 채널 내셔널지오그래픽이 제작한 것으로 국내에서도 방영된 바 있다. 극장용 영화가 아니다보니 TV 방송 분량에 맞춰 1부와 2부로 편집되었는데, 둘로 나뉜 작품의 영어 제목은 1부가 <Departures 3- North Korea: The Other Side> 2부가 <Departures 3 North Korea: The Musical>이다. 내용은 간단하다. 서른한 살 동갑내기 배낭여행가인 스콧 윌슨(Scott Wilson)과 저스틴 루카크(Justin Lukach)의 평양방문기라고 요약할 수 있다. 그들은 죽마고우로 2009년 9월 평양을 방문해 1주일 간 평양 및 북한 남서부 일대를 돌아다닌다. 이 영화의 촬영과 편집은 두 명의 주인공들이 여행과정에서 경험한 설렘과 긴장을 담아내는 데 충실하다. <북한을 가다>는 북한의 이색적인 여행지, 낯선 문화, 생경한 사람들로부터 두 서양인이 받게 된 감흥을 오롯이 담아낸 작품인 것이다.

영화 속에서 윌슨과 루카크는 북한으로부터 신뢰를 받는 북한 전문가 닉 보너(Nick Bonner)를 베이징에서 만나 북한 여행을 위한 주의사항을 학습 받는다. 그리고는 베이징에서 평양행 비행기를 타고 낯선 모험을 시작한다. 그들이 여행한 북한 내 방문지를 대

략적으로 요약해보면 다음과 같이 정리된다.

(1부)	평양 순안 국제공항 → 만수대 언덕 김일성 동상 → 판문점 및 비무장지대 → 조국해방전쟁승리기념관 → 외국문책방 → 순국자 기념 묘지 → 금수산 기념궁전 김일성 묘소 → 대동강 하구 보 → 개성 → 대동강(유람보트)
(2부)	북한 고등학교 → 강당 공연장 → 강서 생수 가공 공장 → 평양 외곽 협동농장 → 유치원 → 만경대 놀이공원 → 평양 지하철역 → 학생소년궁전 → 릉라도 5월 1일 경기장

이들 여행지에서 윌슨과 루카크는 북한인 안내원 김과 최의 안내를 따라 북한의 특수한 역사와 문화를 접하고 체제에 대한 북한 주민들의 자부심을 느끼게 된다. 방문지의 물리적 풍경도 그러하지만 그들을 대하는 북한 주민들의 태도도 질서정연하다. 북한 방문이 처음인 윌슨과 루카크는 여행 초반 방문지를 옮길 때마다 긴장을 풀지 못한다. 그러나 점차 북한에 적응해가면서 문화적 차이를 즐기는 평범한 여행객이 되어 간다. 북한에 대한 막연한 공포가 사라지자 그간 그들이 지녔던 선입견도 일부 수정되어 가는 것처럼 보인다. 어쨌든 그들이 카메라에 담은 풍경은 한국인들은 물론이거니와 서구인들에게 좀처럼 알려진 바 없는 북한사회의 '현재'를 이루는 것들이다.

사후적으로 판단컨대 <북한을 가다>는 북한사회를 지배하는 이념적 편견에 연연하지 않는 외부인의 무심한 시선을 담아내는 기획이라고 할 수 있다. 우린 그러한 시선에 초점화 된 채 이념적 타자(북한, 북한 주민)로 각색되어 온 대상의 민낯을 살피게 된다. 윌슨과 루카크는 여행 중에 북한 주민들과도 함께 어울려 살아갈 수 있다는 확신을 얻는다. 닉의 경우엔 두 사람과 동행하면서, 또 그들의 여행을 책임지면서 서구인들에게 북한을 소개하는 일에 더 큰 사명감을 갖게 된 것으로 보인다. 그런 그들의 변화가 이 영화의 주제의식과 관련이 있다면 <북한을 가다>는 첫째, 외국인들의 의식 속에 굴절되어 있는 북한에 대한 정보들을 바로잡는 작품일 수 있다. 둘째, 북한사회가 외국인들을 자주 접촉함으로써 변화의 지평을 넓혀갔으면 하는 바람을 담아낸 작품이기도 하다.

우리는 평양 인근에서 북한 사람들과 스스럼없이 우정을 나누는 두 캐나다인을 보면서 북한에 대한 긴장을 풀게 된다. 북한을 향해 작동해 온 경직된 관점이 북한 주민들과의 소통에 장애가 될 수 있으리란 자각도 얻게 된다. 이는 <북한을 가다>가 앞서 다룬 다큐멘터리들과 매우 다른 입장과 화법에 기초한다는 것을 상기시킨다. 이색적인 여행지가 베푸는 감흥, 낯선 만남이 주는 설렘을 스케치하는 데 집중하는 작품이기 때문이다. 그래서 <북한을 가다>의 이미지텔링을 편견없이 수용하고 보면 북한 주민들의 생활환경은 공존 가능한 '지역시민성'의 한 양상으로 여겨진다.

예를 들면 윌슨과 루카크가 만난 북한 주민들은 서양인의 짓궂은 장난과 농담에 유쾌하게 반응할 줄 아는 이들이다. 그들은 낯선 노래도 언제든지 함께 부를 수 있고, 처음 접하는 방식으로 유쾌한 놀이를 하면서 색다른 음식을 접하고도 차이를 즐길 줄 아는 이들이다. 사실 윌슨과 루카크의 조국 캐나다는 겉으로는 입헌군주국의 형태를 띠지만, 의원내각제와 지방분권적 연방제가 매우 잘 정착된 곳이다. 전 세계적으로 의회민주주의 모범이 되는 나라로 구성원의 민주주의에 대한 이해와 시민의식이 매우 높은 것으로 알려진다. 따라서 그들이 북한사회의 경직된 문화를 어떻게 받아들일지의 문제는 흥미로운 관심 사안이었다. 우리가 확인한 것은, 그들조차도 북한 주민들과 친밀해지기까지 긴 시간이 필요치 않다는 사실이다.

윌슨과 루카크는 북한 주민들의 말을 경청했고 북한의 역사를 존중했으며 이질적인 관습에서도 긍정적인 것을 취했다. 이는 다른 문화권에 속해 살아온 자들이 타지에 정착할 때 필요한 초석적인 태도를 상기시킨다. 더 나아가 세계시민주의의 현실적이고 실효적인 공유 방안을 암시한다. 세계시민주의라는 거대한 관념은 반드시 원리적으로 학습되는 게 아니다. 애피아의 아래 글은 이에 대한 부가적인 해설이다.

> 비교문화적 대화에 참여하기 위해서는 무엇보다도 대화하는 사람들이 공유하는 것들이 있어야 한다. 그것들이 보편적일 필요는 없다. 중요한 것은 개별 사람들이 공통적으로 갖는 무엇이다. 우리가 공유하는 것을 충분히 찾았을 때, 그 후 우리가 아직 공유하지 못한 것도 찾을 수 있으리라는 가능성도 존재한다. 이 점이 세계시민주의적 호기심의 결과물들 중 하나다. 우리는 서로에게서 배울 수 있다. 또는 우리는 단지 다른 생각, 느낌, 행동 방식들에 흥미를 가질 수도 있다.[60]

그 때문에 <북한을 가다>는 앞에서 다룬 어떤 영화들보다 북한에서 탈국가적 시민성이 가능할 수 있다는 희망을 안긴다. 북한사회 기층을 이루는 평범한 주민들의 태도도 다른 문화에 대한 상대주의적 의식을 보여준다. 그래서 <북한을 가다>가 셀프 촬영을 통해 가벼운 여행스케치를 담아내는 의도로 제작되었다는 점을 감안하더라도 그러한 소통 가능성을 마주하는 건 반가운 일이다.

그런데 이 작품을 균형있게 검토하기 위해선 쇼트와 쇼트 사이에서 사라진 부분, 혹은 카메라가 프레임 내에 담을 수 없었던 대상들을 추측해볼 필요가 있다. 이는 북한당국이 철저히 규제하고 있는 가치와 사전 검열을 통해 은폐한 상상을 짐작해보자는 말이다. 그 관점에서 <북한을 가다>로부터 세 가지 의문스러운 부분을 찾아낼 필요가 있다.

60. 콰메 앤터니 애피아, 앞의 책, p.184.

첫째, 여행 스케줄을 철저하게 통제하고 미리 정해진 곳들만 방문하게 하는 북한당국의 태도다. 외국 감독이 만든 북한 다큐멘터리 중에서 북한 현지 로케이션을 한 작품들의 경우 촬영지와 촬영 대상이 매우 비슷하다는 인상을 받게 된다. 북한은 '내보이고 싶은 것'을 철저히 선별하여 외국인들의 북한에 대한 의식과 판단을 간접적으로 통제하는 셈이다. 윌슨과 루카크를 허물없이 대해준 북한 안내원들 역시 윌슨과 루카크에게 양가적인 기능을 수행한다고 할 수 있다. 북한 안내원들은 두 사람의 여행을 돕고, 북한에 대한 이해를 높여주는 역할도 하지만 사실상 포장된 북한을 보여주는 역할, 북한의 정제된 목소리를 전달하는 기능에 충실하다. 잠자는 시간을 제외한 거의 대부분의 일정을 밀착 동행한다는 점에서 윌슨과 루카크의 자율적 여행 동기를 제어하는 실효적인 장치라고도 할 수 있을 것이다. 그들은 표면적으론 안내원이지만, 실질적으론 감시원에 가깝다고 봐야 한다.

둘째, 앞의 문제와 연결되는 것인데, 북한은 내보이고 싶은 것에 포함되지 않는 대상에 대해서는 접촉할 수 없도록, 심지어 질문할 수 없도록 한다. 단적인 예로 윌슨과 루카크는 북한이 정한 여행지를 방문하기 위해 이동하는 중 버스 바깥 풍경조차도 마음대로 촬영할 수 없었다. 거리를 지나는 평범한 대중을 찍어서도 안 됐고, 몰래 촬영도 금지됐다. 명목상 군사시설 등이 찍힐 수도 있다는 논리가 적용되기도 한다. 그러한 설명이 전적으로 비합리적이라고 할 순 없지만, 상식적으로 생각할 때 버스에서 바라보는 모든 풍경이 군사시설일 순 없다. 아마도 통제된 풍경 어딘가엔 북한이 자랑하는 명소의 분위기와는 상반된 북한 주민들의 생활상이 있을 것이다. 북한당국은 그들 스스로의 평범한 모습 속에 감추고픈 치부가 있다는 것을 알고 있다.

셋째, <북한을 가다>에 등장하는 북한 주민들의 행동 습관 등이 두 부류로 극명하게 대조된다는 사실이다. 먼저 윌슨과 루카크가 평양 지하철에서 만난 주민들이나 놀이공원에서 만난 주민들은 매우 자연스러운 행동을 보이고 스스럼없는 모습으로 다가온다. 그들은 사전에 윌슨, 루카크와의 만남을 공지받지 못했기에 북한 주민들의 평범한 생활 모습을 유추하는 데 흥미로운 기회를 제공한다. 이를테면 놀이공원에서 만난 한 주민은 루카크에게 다가와 장난감총으로 즉석 사격 시합을 신청한다. 예기치 않은 상황 속에서 루카크는 북한 주민과 자연스럽게 어울린다. 그런데 약속된 여행지, 혹은 방문지에서 윌슨과 루카크를 미리 기다리고 있던 사람들은 훈련된 멘트, 행동, 공연으로 그들을 맞이한다. 사상적·기능적으로 숙련된 안내원들이 윌슨과 루카크의 북한에 대한 의식을 제어하는 셈이다. 윌슨과 루카크가 만난 '준비된 그들'의 흐트러짐없는 모습에서 북한 사회의 '통제-순응', '지시-수행' 메커니즘이 읽히기도 한다. 그런 의미에서 <북한을 가다>는 이중적인 해석을 불러일으키는 텍스트라고 할 수 있다.

이 작품의 국내 TV 채널 방영본을 보면, 자막으로 "이 프로그램은 정치적·이념적인 목적이 없는 평범한 외국인 여행객의 시선에서 바라 본 북한의 모습을 담고 있다."는 문구를 반복한다. 평양을 중심으로 북한의 다양한 장소들이 소개되고, 그곳에서 만난 사람들에 대한 두 캐나다인의 자유로운 반응이 담겨있기에 성가신 논란이 생길 수도 있으리라는 예상 때문이다. 이 '예상' 혹은 자기 검열 과정에 <북한을 가다>가 견인할 수 있는 이중적인 해석의 여지가 이미 깃들어 있다고도 할 수 있다. 남북 화해·협력 무드가 고조되고 있는 2018년 5월, 지금 현재의 시선에서도 북한에 대한 묘사나 표현 앞에서 우리는 신중해질 수밖에 없다. <북한을 가다>의 경우 무정치성·비정치성의 특징이 분명하지만, 바로 그 점이 오해를 불러일으킬 수 있다.

재차 말하면 <북한을 가다>에 포착된 북한의 일상은 함께 세계시민 사회를 궁구해갈 수 있겠다는 기대를 불러일으킨다. 물론 북한사회가 용인 가능한 지역시민성의 발현태로 느껴지는 데에는 우선적으로 윌슨과 루카크의 포용적인 성향과 태도가 한몫을 한다. 여기서 세계시민주의와 조화를 이뤄가야 할 지역시민성 개념의 기초를 생각해보기로 한다. 사실 '지역시민성'이란 말 자체는 가치중립적인 용어에 가깝다. 북한의 지역시민성이란 개별 국가의 구성원으로서 북한 주민들이 갖는 권리와 의무, 지위와 입장, 그 자체일 수 있다. 바꿔 말해 북한 주민들은 북한이라는 공동체가 요청하는 자질과 능력, 덕성과 대화하면서, 또 선택적으로 수용하면서 살아가고 있다. 그러한 지역 공동체 내에서의 의식적 생활상이 곧 지역시민성의 중요한 속성이다.

그렇다면 <북한을 가다> 속 북한사회가 용인 가능한 지역시민성으로 느껴지는 데에는 영화 외적인 이유가 있을 수 있다. 이 영화가 편집해 내친 것, 감추거나 은폐한 것 중에는 이념지향성이 두드러지는 북한 주민들의 특수한 언어 습관도 있다고 추측된다. 그래서 우리는 윌슨과 루카크가 북한 주민들을 대화 가능한 이웃으로 대하는 장면에만 치우쳐선 안 된다. 실제로 닉이 북한 주민들의 경직된 의식세계를 부드럽게 각색해서 전달하는 장면도 존재한다.

이 영화의 북한에 대한 소박한 해석, 희망적인 시선이 다소 어색해지는 순간들도 여러 번 있다. <북한을 가다>에도 북한사회를 지배하는 배타적 민족국가 논리가 일상의 무대에 편재하는 포스터나 슬로건 등을 통해 간접적으로 전해지는 바(㉰, ㉱), 이는 포용 가능한 지역시민성으로 북한사회를 이해하는 데 저해요소가 된다. 예를 들어 북한은 근대적 세계 질서 확립에 기여했던 '민족=국민' 논리, '민족국가=국민국가' 논리를 극단적으로 왜곡하여 수렴하고 있다. 근대적 세계질서 내에서 다른 민족국가의 간섭이나 지배를 받는 민족은 사실상 민족으로서의 자격을 지닐 수 없었다. 다른 민족이 이룬 국가의 테두리 내에서 이등국민 혹은 '비-국민'으로 전락할 수 있었던 것이다.[61] 북한은 그로부터 빚어지는 공포, 특히 미국(그들의 용어로는 '미제' 혹은 '미제국주의')으로부터 공포와 위협의 제스처를 과장적으로 읽어내면서 내부 결속을 위한 논리를 만들어 간다. 북한당국은 민족공동체로서 주체적인 자유를 추구해가야 한다는 대명제 아래 '자주성'의 개념을 배타적 적대논리로 승화시켜 온 것이다.

그 때문에 <북한을 가다> 속에 잠깐 등장하는 북한 주민들의 꾸밈없는 모습 등을 근거로 북한사회가 세계시민사회로 이행되는데 무리가 없는 지역시민성을 가진 것처럼 단정해선 곤란하다. 여러 다른 다큐멘터리에서도 감지할 수 있었던 것처럼 북한 주민들이 내면화 한 배타적 민족국가 논리는 북한주민들의 정치의식이 국제사회의 상식과 단기간에 융화되긴 쉽지 않다는 것을 강변한다. <북한을 가다>의 두 캐나다인이 맞닥뜨린 섬뜩한 슬로건들

61. 박순성, 「한반도 통일과 민족, 국민국가, 시민사회」, 『북한연구학회보』 제14권 제2호, 북한연구학회, 2010, p.79에서 재인용.

도 동일한 메시지로 수렴된다.

한편 <북한을 가다>는 통일 시대를 어떻게 준비해야 하는가에 대한 성찰을 견인하는 텍스트다. 두 캐나다인이 북한 주민들과 함께 보낸 일주일이 암시하는 것은, 남북한이 화해와 협력의 가치를 공유한 채 병존하는 과도기적 단계를 상상하게 한다. 이 부분에 관해서는 '4.27 판문점 선언'이 새 장을 연 측면이 있다. 지금부터 남한 정부는 동아시아를 비롯한 주변국, 관련국들과 북한이 상호의존적 관계로 촘촘하게 엮일 수 있도록 노력해야 할 것이다. 국제사회와의 상호의존성이 높아질수록 북한의 배타적 민족국가 논리가 안팎에서 무뎌질 것이기 때문이다. 이를 위해 우리는 북한과의 독자적인 네트워크를 강화하면서 국제적 행위자들(국가 및 비국가 행위자들)과 함께 한반도를 관통하는 네트워크를 동시에 강화해 나가야 할 것이다.[62] 사실 조화로운 공존을 넘어 북한과의 통일을 함께 설계해가기 위해서는 매우 높은 문턱을 넘어야 한다. 일방적 수직성을 갖는 북한정권의 통치 방식을 변화시켜야 하기 때문이다. 그 같은 최종적인 목표를 염두에 둔다면, 북한의 배타적 주권성을 공유주권성, 혹은 다차원적 주권성으로 전환시키는 작

62 전재성, 「한반도 통일에 관한 이론적 고찰」, 『통일과 평화』 창간호, 서울대학교 통일평화연구원, 2009, p.104.

업에[63] 힘을 쏟아가야 할 것이다.

요컨대 <북한을 가다>는 북한주민들이 세계시민주의적 태도를 수용해갈 수 있다는 가능성을 발견한 데 의미가 있다. 거시적인 관점에서 말하면, 세계시민사회의 정체성이란 세계화, 개방화, 지식정보화, 민주화의 흐름이 만나는 지점에 형성된다고 할 수 있다. 그러한 변화의 흐름들을 수용해갈 수 있도록 남북정상회담 이후에 만들어진 남북한 사이의 공론장을 확대·심화해 가는 건 우리의 과제다. 우선은 북한사회에 유연성을 불어넣는 과도기적 단계를 효과적으로 밟아가야 할 것이다. 북한주민들에게 필요한 탈국가적 시민성은 그 노력의 결과로 주어질 수 있을 것이다.

63 전재성, 앞의 논문, p.100

● 국가에 귀속된 사상과 표현의 자유: 〈나는 선무다〉

통일한국을 꿈꾸는 과정에서 문화적 동질성 회복은 선결과제에 해당한다. 남북한의 언어와 예술만 보더라도 당장 좁히기 불가능한 차이들이 집적되어 온 것을 알 수 있다. 물론 세계시민주의 관점에서 볼 때 양자의 차이를 반드시 없애야 한다는 논리, 하나의 민족 담론에 기대어 의식적 일치를 이뤄야 한다는 주장은 타당하지도, 가능하지도 않다. 다만 남북한 간 문화적 차이들이 때론 대결적 이념에 오염된 결과를 표지한다는 점에서 개선의 방향을 고민하는 건 중요하다.

예컨대 통일 이후 언어의 불일치는 생활상의 불편은 물론이고, 안정적인 일상의 회복을 심대하게 저해할 수 있다. 그에 비해 예술 창작과 수용 사이에 존재하는 문화의 불일치는 우리에게 즉각적인 피해로 다가오지 않을 수 있다. 그럼에도 각 예술영역에 쌓여 온 이질적 입장, 특히 북한 예술을 지배하고 있는 주제의식, 소재 및 내용 구성에 있어서의 교조성, 창작방법론을 규율하는 이념지향성, 정치적 목적에 의해 윤색된 비평적 안목의 편협성 등은 중장기적인 갈등요인이 될 수 있다고 본다. 사실상 이들 차이는 분단시대 남북한 문화의 개별화 경향을 드러내는 한편, 물질적·정신적 유산의 이질화 과정을 짐작케 한다. 한국인의 입장에서 보면, 평소 심각하게 고민해보지 않은 북한 주민들의 가치관과 세계관, 생활양식을 낯설게 실감시킬 것이다.

그러한 문제의식 하에 북한예술, 특히 미술을 보면 내용만큼이나 형식과 기법의 독자적 경향을 읽을 수 있다. 그 배면엔 북한 사회 특유의 민족주의 담론이 깔려있음을 알 수 있다. 주지하다시피, 사회주의 혹은 공산주의의 현실정치화 과정에서 국제주의와 민족주의는 함께 추구되어야 하는 목표로 언급되어 왔다. 그러나 개별 공산주의 국가에서 양자의 담론이 충돌할 때 민족주의의 승리가 일반적인 현상이었다.[64] 1950년대 중반 이후 주체사상에 기초한 독자 노선화에 힘을 기울여온 북한 역시 그러한 궤적을 밟는다. 민족주의 혹은 배타적 민족담론에 입각한 애국주의를 북한사회의 사상적 기초로 삼은 것이다. 이는 북한 미술의 창작원리에도 그대로 스며있는 바, 북한 미술의 독자적 경향은 '사회주의적 내용과 민족적 형식'이라는 스탈린의 예술론이 매우 특징적으로 발현된 경우[65]라고 할 만하다.

64. 이에 대해 콜라코프스키는 "국제주의는 변함없이 패배했다"고 선언한 바 있다. 레스젝 콜라코프스키, 임지현 편역, 「마르크스주의 철학과 민족의 실체」, 『민족문제와 마르크스주의자들』, 한겨레출판사, 1986, p.55.

65. 1966년 제9차 국가미술전람회장에서 김일성은 그 유명한 「우리의 미술을 민족적 형식에 사회주의적 내용을 담은 혁명적인 미술로 발전시키자」는 담화문을 발표한다. 그 내용을 보면, 스탈린이 1930년대에 이미 주창한 사회주의적 리얼리즘 테제를 수용하면서 독자적인 강령을 마련해가고자 하는 의지가 확인된다.

<나는 선무다>의 주인공 선무는 북한에서 특유의 선전·선동 예술, 프로파간다 미술을 하다가 탈북한 독특한 이력의 소유자다. 그의 가명인 '선무'는 아마도 '線無'를 염두에 두고 스스로 붙인 것이 아닐까 추측된다. 경계가 없는 존재가 되었(겠)다는 것, 혹은 경계가 없는 예술을 하겠다는 선언이 담겨있는 이름인 것이다. 실제로 그가 북한에서 했던 미술을 짐작해보면, 북한식 사회주의 사상을 북한 주민들에게 효과적으로 전달하는 창작원리[66]에 충실했던 것으로 보인다. 영화 속에 빈번하게 삽입되는 북한 프로파간다 미술작품 중 일부는, 북한에서 추앙받는 '자주적 인간상'에 대한 요청을 매우 직접적으로 드러낸다. 최고의 혁명주체이자 인민성의 표상인 수령에 대한 충성을 요구하는 작품들도 다양하게 삽입된다. 또한 배타적 민족주의에 결속된 선군(先軍)사상을 찬양하고 대결주의의 일상화(일상의 병영화)를 노골적으로 구현하는 작품들도 꽤 많다. 이런 장면들은, 김일성, 김정일의 강령을 충실히 전달하는 통로로 살았을 선무의 과거사를 짐작케 한다.

그는 영화 중반 인터뷰에서 북한에서의 성장과정을 침착하게 추억한다. 유치원 때부터 예술적 재능이 출중했던 그는 마을 곳곳을 다니며 공연을 하거나 노래를 불렀고 김일성이나 김정일 생일

66. 에르하르트 욘, 임홍배 역, 『마르크스레닌주의 미학입문』, 사계절, 1989, p.151.

이 다가오면 더욱 바쁜 삶을 살았다. 그림을 잘 그리거나 글을 잘 쓰는 아이들이 김일성에게 인정받는 영상을 접하면서 '나도 저렇게 잘 해서 김일성한테 기쁨을 드려야지'라는 생각을 하며 모범학생으로 성장했다고 한다. 그러다가 군입대를 계기로 삶의 큰 전환점을 맞는다. 그간 갈고 닦아온 특출난 미술적 재능을 인정받아 선전그림과 벽보 등을 제작하는 최전선에 나서게 된 것이다. 그처럼 그는 북한정권의 아젠다를 선전하는 창구 역할을 감당하면서 북한식 사회주의 미술, 주체 사실주의의 관습을 습득하게 된다.

그의 고백에 따르면 그는 탈북 직전까지 '북한이 좋다'는 생각을 버리지 못했고 탈출할 생각도 없었다. 탈북의 유일한 이유는 극심한 '배고픔'이었다. 그 때문에 그는 목숨을 건 탈북 이후에도 심지어 한국에 정착한 다음에도 의식을 지배하고 있는 세뇌의 결과물들과 싸우느라 고생했다고 토로한다. 북한정권이 주입한 사고체계를 벗는 데 거의 10년이 걸렸다고 말하면서 '지금까지' 빠져나오는 중이라고 고백한다.

한 명의 충실한 북한 미술가이자 북한주민이었던 그가 도대체 어디로부터 빠져나오고 싶었는지를 상상해보는 건 어려운 일이 아니다. 2013년 북한은 '당의 유일적 령도체계확립의 10대 원칙'을 발표한 바 있다. 이는 1974년 제정된 '당의 유일 사상체계확립의 10대 원칙'을 부분 수정한 것으로, 이 원칙들은 북한 주민들의 생활신조, 혹은 십계명에 해당한다고 할 수 있다. 굳이 양자를 비교하면 1974년 버전이 김일성 수령을 중심으로 한 집단주의를 좀 더 장황하게 서술한다면, 2013년 버전은 김일성, 김정일의 위업과 정신을 함께 강조하며 원칙에 대한 서술이 훨씬 요약적이다.[67]

1. 온 사회를 김일성-김정일주의화 하기 위하여 몸바쳐 투쟁하여야 한다.
2. 김일성과 김정일을 우리 당과 인민의 영원한 수령으로, 주체의 태양으로 높이 받들어 모셔야 한다.
3. 김일성과 김정일의 권위, 당의 권위를 절대화하며 결사옹위 하여야 한다.
4. 김일성과 김정일의 혁명사상과 그 구현인 당의 노선과 정책으로 철저히 무장하여야 한다.
5. 김일성과 김정일의 유훈, 당의 노선과 방침 관철에서의 무조건성의 원칙을 철저히 지켜야 한다.
6. 영도자를 중심으로 하는 전당의 사상의지적 통일과 혁명적 단결을 백방으로 강화하여야 한다.
7. 김일성과 김정일을 따라 배워 고상한 정신 도덕적 풍모와 혁명적 사업방법, 인민적 사업작풍을 지녀야 한다.
8. 당과 수령이 안겨준 정치적 생명을 귀중히 간직하며 당의 신임과 배려에 높은 정치적 자각과 사업실적으로 보답하여야 한다.
9. 당의 유일적 영도 밑에 전당, 전국, 전군이 하나와 같이 움직이는 강한 조직규율을 세워야 한다.

67. 당의 유일적 령도체계확립의 10대 원칙 전문은 다음 기사 참고. (데일리NK 인터넷 기사, 2013. 8. 9.)

10. 김일성이 개척하고 김일성과 김정일이 이끌어온 주체혁명위업, 선군혁명위업을 대를 이어 끝까지 계승 완성하여야 한다.

앞에서 언급한대로 선무는 이 원칙들을 단순히 지키는 사람이 아니라 예술을 무기로 적극적으로 선전하는 사람이었다. 그처럼 북한주민들의 의식개조와 사상성 고취를 위해 충실하게 살았던 만큼 탈북 과정 및 한국 정착 과정에서 매우 큰 정체성의 혼란을 경험한다. 여기에는 한 명의 미술가로서 지녀온 존재의 이유를 스스로 저버린 게 아닐까 하는 두려움도 한몫한다. 이는 방향과 내용이 어떻든 북한에서 지녔던 예술에 대한 열정이 소멸될 수도 있다는 두려움과도 관련된다. 그러한 두려움은 다시 예술에 대한 열정으로 승화된다. 홍익대 미대에 실기시험을 거쳐 당당히 합격한 후 이념과 관습의 제약에 얽매이지 않는 자기 미술을 위한 도전에 나선 것이다.

그가 추구하는 예술작업의 특징 중 하나는 북한의 프로파간다 미술을 비틀어 풍자하거나 희화화하는 데 있다. 또 거기에 그치지 않고 자기 체험을 녹여내 북한정권의 허구성, 북한사회의 경직성, 북한미술의 교조성을 패러디, 패스티시 등의 방법론으로 해체하는 데까지 나아간다. <나는 선무다>는 그러한 선무의 작품들과 김일성, 김정일에 대한 기록영상이나 북한의 전형적 미술작품들을 끊임없이 대조시킨다. 이를 통해 선무가 작가적 자의식을 바탕으로 그만이 할 수 있는 예술작업을 찾아가는 과정을 전달한다.

<나는 선무다>의 핵심 시퀀스는 중국 북경에서의 전시회를 준비하는 과정을 중심으로 진행된다. 탈북 후 남한에서 자리 잡은 그는 북한당국의 검열을 피해 북경에서 최초의 전시회를 열고자 한다. 북경 원전미술관의 량커강 관장은 선무의 작업을 높이 평가하면서 그의 전시 준비를 다방면에서 돕고 나선다. <나는 선무다>는 전시회 개최 결정이 나는 순간부터 4개월여의 준비 과정을 띄엄띄엄 보여주는데 그 과정에 삽입되는 선무의 인터뷰는 그의 작가적 자의식을 그대로 보여준다. 선무의 아내 인터뷰를 통해 그의 삶을 성찰하게 하면서 여느 평범한 가정과 다르지 않은 선무 가족의 일상을 묘사하는 데에도 충실하다. 한편 그를 돕거나 지지하는 주변 인물들의 인터뷰 장면과 선무의 그들과의 교류 과정을 보여주는 쇼트들은 그가 어떤 경계를 넘나들고 있는지를 이해시킨다.

그러한 연출을 통해 한국에서 활동하는 탈북 화가로서 선무의 삶이 개성적으로 입체화된다. 그와 동시에 우리는 미술 작업을 통해 자유를 누리고 싶은 선무의 본심을 절절히 느끼게 된다. 또한 자신을 얽어맸던 북한정권을 향해 정당한 비판을 되돌려주고픈 작가적 열망도 만나게 된다. 여러 위험을 무릅쓰고 그의 작품을

전시하기로 결정한 량커강 관장은 "선무 작가에겐 자유와 더 나은 삶에 대한 열망이 큰 영감이 되는" 것 같다는 평가를 내놓는다. 영화 중반 선무는 "나도 이 세상에 대고 할 이야기가 있는 사람"이라고 주장하며 "나도 존재의 가치가 있는 놈인데, 내가 할 수 있는 게 이거 밖에 없으니까 할 뿐이다. 이걸 통해할 뿐이다."고 고백한다. 여기에는 미술가로서 그의 소명의식과 자기 작업에 대한 예민한 자의식이 담겨있다. 중요한 건, 이러한 그의 주장과 고백이 북한 정권을 향하는 것으로만 오판해선 안 된다는 점이다. 그의 작품을 정치적으로만 읽는 한국의 전문 평단에 대해서도 그는 일정한 거리를 유지한다.

전시회 개최가 가까워지면서 선무는 북한정권이 선전그림과 벽보, 표어 등에 습관적으로 쓰는 용어들, 곧 북한사회에 작동하는 사상체계의 상징물들을 거대한 천에 담아낸다. 예를 들면 선무는 "조선의 태양", "장군님 식솔", "선군정치", "결사옹위", "인민을 위하여 복수함", "주체예술", "주체사상", "생활총화", "일심단결", "조국의 품", "혁명의 수뇌부", "꽃제비", "숨은 영웅", "가는 길 험난해도 웃으며 가자" 등의 글귀를 북한식 과장적 글자체로 화폭에 새긴다. 선무는 이 작업물이 완성되자 전시회 바닥에 깔고자 한다. 자기 전시회에 온 누구든 이 글자를 밟고 지나야 그림을 감상할 수 있도록 한 것이다.

량커강은 선무의 북한정권에 대한 비판정신을 지지하면서 전시회의 디테일을 함께 고민한다. 한국에도 잘 알려진 중국동포 예술가인 최헌기는 그의 작업실을 내어주면서까지 선무가 북경 전시회에 집중할 수 있도록 돕는다. 이 과정에서 량커강은 우리에게 '천안문 사건(천안문 사태)'으로 알려진 1989년의 베이징 학생민주화 시위를 언급한다. 그는 자기 인생에 매우 큰 영향을 미친 경험으로 천안문 사건을 회고하면서 그때 죽어간 대학생들을 추모한다. 그러면서 중국이 그에 관한 정보들을 역사적으로 말끔히 지워버린 사실에 비판적 입장을 내보인다. 중국에서 좋은 예술가가 되려면 위험하다는 말을 덧붙이면서 중국은 지금도 자기와 같은 예술가를 예민하게 여기고 철저하게 감시한다는 주장도 한다. 그 즈음에 이르면 우리는 사회주의 국가 내에서 예술을 한다는 것의 의미를 좀 더 진중하게 헤아리게 된다. 전시회 개최 3주 전, 미술관 공간에서 량커강과 최헌기, 선무가 '전시 중단돼도 괜찮아', '미술관 문 닫는 일은 없겠지' 등을 주제로 대화를 나눌 때, 우리가 짊어지게 되는 미묘한 부채의식도 그 연장선에서 생각해야 할 것이다.

<나는 선무다>의 종반은 매우 극적인 긴장을 낳는다. 전시회 개최 2일 전부터 선무는 본인의 정체가 탄로나거나[68] 가족이 알려

68. 그와 같은 우려 때문에 이 영화에서 선무의 얼굴은 제대로 등장하지 않는다.

지는 상황을 대비하게 된다. 그래서 스스로 주인공이 되어야 할 오프닝 리셉션 행사에 참석하지 않기로 결정한다. '구경꾼인 것처럼', '경비원인 것처럼' 몰래 전시 첫날 미술관을 둘러보겠다는 계획만 세운다. 전시회 당일 남편 때문에 제대로 잠을 자지 못한 선무의 아내가 경찰들이 오가는 상황에 위기감을 느끼고는 전시장소 2층 커피숍에 숨는 장면은 비극의 전조가 된다. 오후에 개최하고자 한 오프닝 리셉션이 시작되기 전, 미술관 앞은 공안 제복을 입은 사람들과 경찰들, 김일성 배지를 단 범상치 않은 북한 사람들로 북새통을 이루게 된다. 결국 량커강은 경찰에 잡혀가게 되고 이후에도 여러 번 심문을 당하며 감시를 받게 된다. 선무와 아내는 극적으로 한국행 비행기에 몸을 싣는 데 성공한다. 전시를 위해 준비한 작품들과 현수막 등은 경찰에 의해 모두 수거되어 북경의 한 창고에 강제로 옮겨진다.

그 비극이 지나간 후 량커강은 흥미로운 인터뷰를 한다. 결과적으로 전시회를 진행할 순 없었지만 중국 예술계가 이 사건을 모두 알게 되었고, 탈북 예술가 선무의 작업을 인지하게 되었다는 것이다. 그렇다면 전시회 무산은 분명 아쉬운 일이지만, 전시회 개최일에 벌어진 떠들썩한 소동이 사건화되어 예기치 않은 정치적 퍼포먼스로 승화된 건 아닌가 하는 생각을 하게 된다.

이처럼 <나는 선무다>는 국가의 경계, 이념의 경계, 예술창작

관습의 경계에서 빚어지는 고통을 온 몸으로 경험한 예술가를 통해 국가와 이념, 예술 창작의 원리를 둘러싼 입장의 충돌지점을 상기시킨다. 예술에서 '사상의 자유', '표현의 자유'라는 말이 가지는 무게를 다시 보게 하는 작품이기도 하다. 돌이켜 보면 북한에서 머물던 시절의 선무는 기본권에 가까운 예술 창작의 자유가 무엇인지조차 떠올릴 수 없었다. 탈북 후에는 자유로운 표현이 가능한 세계를 경험하면서도 북에 두고 온 가족과 한국에서 새로 이룬 가족 때문에 다른 차원의 자기 검열을 해야 했다. 그렇게 보면 <나는 선무다>는 자기 정체성을 들켜선 안 되는 선무의 내면을 따라 예술가와 자유, 정치와 예술 사이의 경계에 놓인 민감한 문제들을 보여주는 작품이라고도 할 수 있겠다.

현실에 대한 자유로운 비판과 본원적 진리에 대한 새로운 탐색은 예술이 마땅히 취해야 할 자세이면서 책무다. 그러나 '선무'라는 이름과 달리 너무 많은 억압적 경계를 넘나들어 온 그에게 예술은 존재의 이유이면서 한편으론 존재를 옥죄는 힘이 된다. 우린 그의 삶을 조망하면서, 또 북경에서의 전시회 무산을 바라보면서 예술의 대상, 목적, 방법론이 작가의 고유 권한이 되지 못하는 북한사회를 상상하게 된다. 단지 한 예술가의 예술작업에 대한 이야기일 수 있지만 이 영화는 자율적 병존이 불가능한 북한사회의 정치적 억압성을 고발한다.

최근 미국사회에 충격을 안긴 '웜비어 사망 사건'은 단순한 미국인 납북 문제가 아니다. 북한의 선전 그림을 포함한 프로파간다 홍보물 등이 단지 생활 세계의 구성물이 아니라는 것을 반증하는 사건이다. 친구들과 짧은 북한 여행일정을 마친 후 웜비어는 출국일에 평양 공항에서 붙들린다. 사후에 밝혀진 그의 잘못은 여행 중 숙소로 이용한 평양 양각도 호텔의 선전물을 떼냈다는 것이다. 앞에서도 언급한 '당의 유일적 령도체계확립의 10대 원칙' 중 3원칙("김일성과 김정일의 권위, 당의 권위를 절대화하며 결사옹위하여야 한다.") 4항에 보면, "백두산 절세위인들의 초상화, 석고상, 동상, 초상휘장, 영상을 모신 작품과 출판선전물, 현지교시판과 말씀판, 영생탑, 당의 기본구호들을 정중히 모시고 철저히 보위하여야 한다."는 지침이 있다.[69] 그러니까 북한 당국자들은 웜비어가 '절대'적인 '절세위인'의 선전물을 훼손한 것으로 봤고, 그를 체포함으로써 '결사옹위'의 정신을 발휘한 것이다.

<나는 선무다>의 후반부에는 선무의 전시회가 외력에 의해 무산된 다음 날 미술관의 풍경이 담겨 있다. 모든 작품들은 회수되었고 전시 구조물, 현수막, 보조 도구들은 벌써 깨끗하게 철거되

69. SBS <그것이 알고싶다>는 '비밀의 땅- 죄수가 된 여행자들'편(2017. 7. 15. 방영)에서 웜비어 사건의 문제성을 '당의 유일적 령도체계확립의 10대 원칙'에 근거해 접근한 바 있다.

었다. 핸드헬드로 잡은 영상엔 텅 빈 공간에 가득 찬 기괴한 공허감이 감지된다. 그곳은 선무의 꿈, 량커강의 의지, 최헌기의 지지가 철거된 현장이기도 하다. 서서히 배회하는 카메라는 햇빛이 미술관 흰 벽을 희미하게 더듬는 모습을 느리게 보여준다. 그림이 있었던 자리 아래엔 아직 붙어있는 몇몇 캡션만 붙어 있다. 선무의 작가정신과 예술혼이 그 자리에 있었음을 흔적으로 암시하는 장면이다. 단번에 해명하기 힘든 이 풍경 속에서 우린 북한사회가 개인의 고유성과 표현의 자유를 지우는 방식을 충격적으로 마주하게 된다.

사실 예술 활동에 있어서 사상과 표현의 자유가 억압받는 문제는 굶주림, 공개처형, 강제 감금 및 강제 노역(집단 수용소 문제 포함), 고문 및 비인도적 처우, 이동의 자유 제약, 외국인 납치 등과 같은 문제에 비해 부차적인 것일 수도 있다. 그러나 이 문제는 통일한국 시대에 함께 공유해야 할 '시민성'을 이야기하게 될 때 우리가 고민해야 할 과제를 환기시킨다. 시민성이란 공동체 내에서 자유와 책임에 대한 권한을 스스로 획정해갈 수 있는 자질을 말한다고 볼 수 있다. 그렇게 보면 어느 공동체에도 제대로 귀속될 수 없는 존재가 된 선무를 우린 좀 더 오래 기억해야 한다. 기실 영화 속 선무의 삶에는 냉전과 분단에서 비롯된 가장 깊은 상처가 아로새겨져 있다. 그래서 그의 삶은 복잡한 이해관계로 맞물린 동아시아의 지정학적 질서 속에서 탈국가적 시민성이 가능한가를 타진하는 순도 높은 촉매다.

영화가 다룬 선무의 마지막 모습에서 오는 감정은 매우 복합적이다. 결국 그는 한 명의 예술가이기 이전에 '탈북' 이후 비로소 시민성을 고민하기 시작한 개인일 수 있다. 만약 통일이 예기치 않은 순간에 갑작스럽게 온다면, 북한 주민들은 바로 선무와 같은 혼란한 입장에 서게 될 것이다. 그래서 우리는 10년이 지나도록 선무가 정체성의 혼란을 경험하고 있다는 고백을 귀담아 들어야 한다. 전시회의 무산을 불러 온 보이지 않는 압력의 존재는, 통일에 이르는 과정만큼이나 통일 이후의 여정이 힘들 것이란 사실을 보여준다. 영화 속 선무의 말을 빌리면, 북한 주민 누구나 고유한 개인으로 존재해야 할 가치가 있는 사람들이다. 또 자기가 할 수 있는 것을 통해 존재를 증명해가는 삶이 주어져야 할 사람들이다. 따라서 선무를 응원하는 마음으로, 통일시대 이후 북한 출신 주민들이 자유와 책임에 대한 권한을 내면화해가도록 도와야 할 것이다. 최근 남북한 정상들이 도보다리를 지나 화해의 길을 열었다. 머지않아 남북한 구성원들이 탈국가적 시민성의 방향과 방법을 놓고 도덕적 · 정치적 입장을 함께 조직해갈 수 있길 기도한다.

(3) '세계적 민족주의'는 어디에서부터 불가능한가

● 이념의 맹목성과 자발적 디아스포라의 비극: 〈디어 평양〉[70]

<디어 평양>은 같은 해(2006년) 제작된 <우리학교>와 더불어 한국 사회에서 망각되거나, 망각을 강요받은 존재들의 삶을 소환한다. 재일동포 중 북한 국적을 선택해 살아가는 사람들이 바로 그들이다. 그들은 긴 시간 우리의 의식 속에 이중적 타자로 자리해 왔다고 할 수 있다. 더 정확하게 말하면 남한 사람들에게는 존재감 자체가 크지 않았다. 그런데 <우리학교>의 스토리텔링도 마찬가지이지만, <디어 평양>은 그들의 삶이 우리가 살아가는 의식세계와 인접해 있음을 증명한다. <디어 평양>이 흥미로운 건, 개인의 생활 영역을 보여주는데 충실할 뿐이지만, '분단' 이후 경험한 그들의 아픔이 우리 민족의 상처라는 것을 설득해내는 데 있다.

70. 이 챕터는 다음 보고서의 글을 수정·보완해서 작성되었다. 안숭범, 앞의 책, pp.28-36.

<디어 평양>의 오프닝은 대다수의 한국인이 미처 몰랐던 역사적 상황을 자막으로 전한다. 그 내용을 요약하면, 한국 전쟁 이후 약 99%가 이남출신인 재일동포들 내부에서도 이념적 분단이 나타난다. 그들 중 일부는 국적을 '북한'으로, 다른 누군가는 '한국'으로 택하면서 양자 사이의 진영대결이 본격화된다. 이북을 지지하는 '조총련(재일본조선인총련합회)'과 이남을 지지하는 '민단(재일본대한민국민단)'의 대립이 시작된 것이다. 그런데 당시 재일동포들의 빈곤한 생활과 민족차별의 아픔을 먼저 살펴 준 건, 구소련의 영향 아래에서 빠르게 경제를 회복한 북한이었다. 그 이유로 많은 재일동포들이 북한에 희망을 걸게 되었다.

그 때문에 1959년부터 20여 년에 걸쳐 약 9만 명의 재일동포들이 북한으로 건너가게 된다. 물론 이러한 귀국 행렬엔 북한을 '지상낙원'으로 묘사한 당시 매스컴의 영향도 무시할 수 없을 것이다. 그렇게 북한으로 건너간 이들은 귀국민이라 불렸다. 그들은 일본과 북한의 국교수립과 민족통일이 조만간 이뤄질 것이라고 믿었다고 한다. 그러나 그런 희망은 이후 반세기가 지나도록 실현되지 못했고, 이북으로 건너 간 재일동포들은 다시 일본을 방문하는 것조차 허용되지 않았다. 재일동포인 감독 양영희는 그러한 설명적 자막 마지막에 "나도 그때 그곳에서 이북으로 가족을 떠나보낸 사람 중 한 명이었다."고 고백한다. 그러니까, <디어 평양>은

한국 근현대사에 새겨진 거대한 갈등이 개인사를 어떻게 장악해 들어왔는가를 고백하겠다는 선언에서 출발한다.

그런데 정작 영화가 본격적으로 시작되면 카메라는 한 가정의 생활상을 따라가면서 사적인 관심을 좇을 뿐이다. 이를테면 재일동포 가정 안에서 막내딸로 살아온 감독이 부모와 보내는 일상을 꾸밈없이 보여주며 진행된다. 가장 보편적인 다큐멘터리 양식인 설명적 방식과 참여적 방식을 오가며 평범한 소재를 평이하게 전달하는 데 집중하는 셈이다.

설명적 다큐멘터리 양식을 차용한 이유는 간접적으로 확인이 가능하다. 우선적으로 <디어 평양>은 자막과 내레이션을 통한 해설이 여러 군데서 필요한 영화다. 평범해 보이는 일상적인 가정사가 전경화 되지만 그 안에 분단 이후의 시대사가 담기기 때문이다. 바꿔 말하면 자막과 내레이션의 보충 진술 덕분에 우리는 첫째, 분단의 이해당사자 속에 해외동포, 특히 재일동포도 속한다는 것, 둘째, 조총련계 재일동포 중 많은 수가 자신의 이념적 선택에 따른 일정한 희생을 감수하고 있다는 것, 셋째, 외관상 평범해 보이는 재일동포 가정 안에도 구성원의 정치적 입장에 따라 갈등이 존재할 수 있다는 것, 넷째, 사상과 이념의 '차이'에 기반한 그 갈등은 남북한 간의 상황 변화에 따라 영향을 받을 정도로 '현재성'을 갖는다는 것을 이해하게 된다.

<디어 평양>이 매우 영민한 영화라는 것은, 그처럼 거대담론에 속하는 역사적 상황들을 환기시키면서도 무거운 논변을 전시하는 다큐멘터리와 구별된다는 데 있다. 이에 대해 영화평론가 김영진은 "정치색으로 필터링하지 않는 인간 존재의 생생함이 이 영화의 정서적 활력을 가능하게 해준다"[71]고 평가한 바 있다.

좀 더 세부적으로 논하면, 주요 등장인물인 감독의 노부모는 북한 당국으로부터 무수한 훈장을 받은 조총련계 간부 출신으로 나온다. 그만큼 사상성이 투철하고 이념적 지향이 견고한 인물들인 것이다. 그럼에도 이 영화가 그들을 강조하는 방식은 충성스러운 조총련계 간부로서의 면모를 늘어놓는 데 있지 않다. 자녀와 손주들에 대한 애정이 각별한 부모로서의 면모, 이에 더해 금슬이 좋은 부부로서의 면모가 부각되어 있다. 그런 식으로 <디어 평양>은 주인공들의 미시적인 생활상에 사적으로 공감할 수 있는 장면들을 먼저 전시한다. 그러면서도 분단상황으로부터 파생한 문제를 거시적으로 조망하게 하는 전략에 성공한다.

<디어 평양>이 설명적 양식을 활용해 얻어낸 궁극적 성취는 이념의 규제력 안에 갇힌 가정 안에 일어날 수 있는 특수한 비극에 대한 공감이다. 이 작품을 논쟁적인 목소리가 강한 영화로 볼 순

71. 김영진, 「공존이란 열망이 있는 그대로」, 『씨네21』 no. 794, 2011. 3.

없지만, 감독은 비극의 역사에 압착된 자기 가정이 걸어온 길을 자막과 내레이션으로 소상히 보여주면서 자신의 신념을 간접적으로 드러낸다. 이를테면 <디어 평양>은 인간의 선택·수용의 대상이 되어야 할 정치적 이념이 오히려 개인의 삶의 방식을 선택하고, 그의 미래를 한 방향으로 수렴해버리는 문제에 예민한 시선을 드러낸다.

한편 이 영화는 중요한 정보들을 언어로 해설하는 설명적 다큐멘터리에 속하면서도 막내딸인 감독이 노부부의 일상에 개입하면서 직접 의견을 나누는 모습을 중요하게 다룬다. "제작자가 어떤 주어진 상황에 존재하며 그 결과로 상황이 어떻게 변경되는가 하는 느낌"[72]에 충실한 현장성의 영화일 수 있는 것이다. 실제로 이 영화는 설명적 다큐멘터리의 주요 기법인 보이스 오버 해설과 참여적 다큐멘터리의 핵심 방법론인 인터뷰를 교차시키며 부모에 대한 친밀감과 조총련의 이념질서에 대한 반감을 모순적으로 교직한다.

예컨대 감독은 아직 결혼하지 않은 자신을 향한 노부모의 애정어린 걱정과 보살핌의 시선을 여과없이 보여준다. 딸로서 부모를 바라보는 감독의 입장과 시선 역시 그에 대한 리액션으로 충분히 전달된다. 그런데 이 영화는 '막내딸-부모'의 사적 관계 배면에 '정치적 자율성을 원하는 재일교포 2세대-특정 정치 이데올로기를

72. 빌 니콜스, 앞의 책, 191쪽.

권면하는 재일교포 1세대'라는 경직된 관계를 깔고 있다. 감독은 어린 시절부터 사상적 자유를 보장받지 못한 채 부모의 훈육 방침을 그대로 수용했고, 성인이 되어서도 국적의 변경을 규제당한 것은 물론 결혼상대자의 국적 등에 대해서도 일정한 통제 혹은 권유를 받은 것처럼 보인다. 이 같은 '이중적 관계망'은 참여적 양식의 카메라, 곧 사적인 입장과 공적인 태도를 오가는 감독의 적극적인 개입을 통해 포착된다.

<디어 평양>이 주는 감동과 여운도 이중적 관계망에 대한 통찰로부터 배가된다. 일단 조총련 간부로 살아 온 감독의 부모에게 '조국'으로서 북한의 의미, 특히 북한을 상징하는 장소로서 평양의 의미는 매우 중요하다. 아직 어린 나이였던 세 아들을 평양에 보낼 정도로 그들에게 평양은 이상적인 세계의 표상이었다. 물론 지금까지도 평양은 평생을 지켜 온 정치적 신념을 확인시키는 곳이며, 충성을 바쳐 온 조국에 대한 관념이 머무는 곳이다. 그러나 외부인의 시선에서 보면, 심지어 막내딸의 입장에서 보더라도 평양은 허구적 관념이 덧칠되어 있는 곳이다. 가족을 찢어놓은 폭력적 거짓말의 진원지이기도 하다.

그래서 <디어 평양>의 감동은 자식에 대한 한없는 사랑과 조국(북한)에 대한 염결한 충성을 실천해 온 노부부를 비극적으로 재인식하는 순간에 찾아온다. 이를 테면 일본과 북한 사이의 물리적

거리를 극복하고도 남는 노부부의 자식을 향한 애틋함은 영화 내내 여운을 안긴다. 그러나 타협없는 정치적 신념에서 비롯된 가족 이산의 풍경은 영화의 배경에서 아이러니한 슬픔을 배가한다. 가장 친밀한 혈연관계 안에 파고들어 각자의 삶을 고립시켜 버린 정치적 이념의 힘에 비극적인 파토스를 느끼게 되는 것이다. 영화의 의도 중 하나는 가족 내 구성원 간의 관계, 곧 가장 친밀한 혈연관계를 확장하면 민족 구성원 간의 관계에 이른다는 상상을 하게 하는 것이다. 그렇다면 영화 속 막내딸과 노부부의 복잡한 갈등은 한 가정 내 문제에 국한되지 않는다.

영화 말미, 감독은 아버지로부터 북한 국적을 택하지 않고 남한 국적을 취득하는 문제를 어렵게 다시 꺼낸다. 그런데 이번엔 그녀의 아버지가 쉽게 허락한다. 조총련에 속한 이들이 가진 '재입국허가서'가 일본에서 난민들 여권과 마찬가지로 취급되고 있는 상황을 받아들인 것이다. 그러면서 아버지는 "영희(감독 이름)가 자기 일을 더 잘 할 수 있도록", "최근에 정세가 많이 변했으니까"라는 단서를 달면서 남한 국적 취득을 인정한다..

이는 평생을 지켜 온 자신의 인생가치에 예외를 허용하는 장면이라고 할 수 있다. 물론 그 장면을 두고, 아버지가 품어온 정치적 신념이 회의되는 순간으로 읽을 순 없다. 그 스스로는 절대로 국적을 바꾸지 않고 북한에 충성을 다하겠다는 마음을 피력하기 때문이다. 그러나 막내딸의 정치적 자유의지에 대한 인정은 자기 신념의 현실적 가치를 비판적으로 재인식한 결과로 해석된다. 세계 정세 속에서 북한의 현 실태를 바라볼 때, 막내딸까지 평양의 볼모가 되어선 안 된다고 생각한 것이다.

바로 이 장면에서 북한사회의 특성을 공존 가능한 '지역시민성'의 범주로 넣을 수 있을 것인가에 대한 간접적인 답안이 제출된다. 조총련계 간부로 평생을 살아 온 노부부에게도 북한은 이제 양가적인 시선을 받을 수 있는 퇴색된 '조국'이 되지 않았는가. 그들의 주체사상에 대한 신념, 혹은 북한사회에 대한 충성도가 허물어졌다고 볼 순 없다. 그러나 북한의 피폐한 경제 상황, 세계적 흐름에서 소외된 북한 주민의 실태 등은 그들에게서조차 눈감는다고 부정될 수 있는 사안이 아니다.

더 나아가 우리는 아버지의 심경 변화 장면을 통해 세계적 민족주의의 가능성이 더욱 휘발된 북한 사회를 간접적으로 직시하게 된다. 북한은 재일교포 영화감독이라는 실존적 정체성을 안고 있는 막내딸을 옥죄는 폐쇄 국가다. 자유로운 예술창작 활동을 위해서는 관계를 끊어야 하는 대상인 것이다. 참고로 <디어 평양>의 후속작이라고 할 수 있는 <굿바이, 평양>은 그러한 문제의식을 좀 더 구체적인 정보와 함께 담아낸다. 탈정치화된 범세계적 영역들이 늘어나고 있는 상황에서, 특히 그 영역을 대표하는 예술

분야에 몸담고 있는 자에게도 북한은 그 자체로 금기이거나 억압이 된다. 단적으로 <굿바이, 평양>에는 양영희 감독의 북한 입국을 불허하는 북한의 압력이 그대로 전달된다.

그 때문에 <디어 평양>이 말하는 북한 사회에 적용되어야 할 '보편적 공공화 원칙'이란 조금 복잡하다. 그 전제는 '민족 자결권의 최소주의적 개방'에 북한사회가 동의하는 것이다. 이 문제를 구체적으로 논의하기에 앞서 울리히 벡의 다음 언술을 살펴보자.

> 세계시민주의화는 민족자결권과 모순된다. 세계화의 시대에 맞서 스스로 통제할 수 있는 권리로 이해되는 민족자결권과 말이다. (세계시민주의는) 국내 주권을 국경 안팎의 타자와 외국인에 대한 책임과 결합할 필요성을 강조한다. 중요한 것은 자결권을 부인하거나 저주까지 하는 그런 것이 아니다. 반대로 자결권을 일국적 외눈박이 상태에서 해방시켜 세계의 관심거리들에 대한 세계시민적 개방으로 연결하는 것이 중요하다. 자국시민에 대한 의무와 타국시민에 대한 의무 사이에서 새롭게 균형을 찾는 것이 중요하다.[73]

인용문에서 벡은 민족자결권의 세계시민적 개방 [illegible] 중요성을 역설한다. [illegible] 세계시민 [illegible] 할 [illegible]

73. 울리히 벡, 앞의 책, 361쪽.

서 초국적 예술단체가 '아래로부터' 범세계적 활동을 전개하는 풍경을 흔하게 접하며 산다. 예를 들어 프랑스에서 시작된 국경없는 건축가회(Architecture Sans Frontiers)는 국제적 분쟁지역, 저개발 국가 등을 대상으로 예술가로서의 사회적 책임을 다하며 탈정치화된 범세계적 연대 영역의 존재를 증명하고 있다. 그런데 정치적 중립성이 어느 정도 보장된 그와 같은 시민운동도 일국적 폐쇄주의 노선을 생활체계 전면에 적용하는 북한에서는 불가능하다.

곰곰이 생각해보면, 영화 속 완고한 아버지가 감독에게 남한 국적을 허락한 것은 북한의 그 '불가능성'을 정직하게 인정했기 때문이라고 여겨진다. 영희 감독은 막내딸이기 이전에 창작의 자유를 누려야 할 예술인이기 때문이다. 여기서 아버지의 결단은 딸을 사랑하는 부모로서의 입장이 조총련 간부로서의 입장보다 우선되어야 한다는 것을 받아들이기 시작했다는 신호다. 다분히 추측일 뿐이지만, 그 말 안에는 수십 년 전에 이뤄진 아들들의 평양행 결정에 대해서도 후회가 없지 않음을 짐작케 한다.

<디어 평양> 속 노부부의 일상에만 주목하면, 북한에 사는 아들과 손주들을 끔찍이 아끼는 평범한 할아버지, 할머니이다. 그들은 기회가 닿을 때마다 생필품을 포함한 선물을 평양에 보내는데, 그때의 표정은 정말 행복해 보인다. 이는 귀국민이 된 아들들과 그들의 가족이 국경 밖으로 나올 수 없게 되자 노부부가 꾀할 수

있는 가장 적극적이고, 사실상 유일한 소통방식이었다. 이들 장면에서 느껴지는 연민과 안타까움도 북한이 신봉하는 민족자결권 안에 깃든 배타적 폭력성과 맞닿는다. 사실상 북한은 1990년대 이후 구소련을 비롯한 사회주의권 국가에 불어 닥친 개방·개혁의 물결에 휩쓸리지 않기 위해 체제 수호를 위한 자구책을 강구한다. 이때 강조되었던 담론 중 하나는 '조선민족제일주의'였다. 북한의 독자노선을 더욱 공고히 하기 위한 체제 결속 담론을 만들어낸 것이다. 이는 곧바로 민족자결권의 강화를 위한 규제 틀로 전환된다. 조선 민족으로서 자율적 의사에 기초해 운명을 결정해가야 한다는 정치이념을 생활무대에서 통제 근거로 발전시켜 온 것이다.

<디어 평양>에서 불거진 질문들에 현실적인 답안을 마련하기란 무척 어렵다. 예를 들어 노부부와 북한으로 간 아들 가족이 자유롭게 왕래하고 만날 수 있기 위해서는 이해 당사국의 정치적 결단이 있어야 한다. 심지어 감독과 아버지가 그들 사이에 존재하는 세계관의 간극을 좁히고 일상적인 충돌을 봉합해가기 위한 방안도 좀처럼 찾기 어렵다. 어쨌든 북한사회가 '민족자결권의 최소주의적 개방'에 나서야 한다는 큰 틀에서의 방향은 그들 문제를 해결하기 위한 첫단추처럼 보인다. 결국 <디어 평양>도 인권의 차원에서만큼은 북한사회가 자기 폐쇄의 원칙을 내려놓을 수 있도록 국제사회의 중단없는 노력이 뒷받침되어야 함을 상기시킨다. 우

리가 늘 숙지해야 할 것은, 인권에 관한 국제적 공론장이 최대한의 역능을 발휘하기 위해서는 국제법적 접근이 거의 유일한 방식이란 사실이다.

이에 더해 통일 교육의 차원에서 <디어 평양>을 재독해 할 필요가 있을 것이다. 세 아들과 생이별한 영화 속 노부부가 유지해온 것은 '지상낙원 평양'이라는 상상적 공동체에 대한 신념이고, 더 나아가 주체사상에 충실한 생활에서 얻어지는 자부심이다. 그러나 그 와중에 박탈당한 개인의 정치적 자유의지와 이주 및 거주의 자유를 이야기하지 않으면 안 된다. 따라서 북한 주민들을 대상으로 한 통일 교육은, 그들에게 '정치적 자유의지'의 중요성과 헌법의 가치, 자유권 행사의 의미를 깨우치는 것에서부터 출발해야 한다. '자유권'이란 공동체의 민주적 기본질서가 위협받을 때만 최소한으로 제약받을 수 있다는 것을 그들이 알아야 한다. 참고로 북한 헌법 75조를 보면 '공민'이라면 '거주, 려행의 자유'를 누려야 한다고 되어 있다. 바라건대 양영희 감독이 '가족'과 '민족'이란 단어에 압박 받지 않고 자유로운 작품 활동을 할 수 있는 환경이 주어지길 기도한다. 4.27 판문점 선언 이후의 북한 사회가 평범한 법치국가의 질서를 배우고, 세계시민이라면 응당 누려야 할 자유권 보장을 이야기할 수 있길 기대한다.

● 체제 인준의 논리에 희생당한 개인사: 〈평양연서〉

<평양연서>는 한반도를 둘러싼 디아스포라 문제의 복잡한 층위를 드러낸다. 영화 속 정보에 따르면, 북한은 한국전쟁기, 혹은 그 직후 시기에 동독으로 많은 유학생을 파견한다. 당시 동독은 분단 상태에 놓인 공산주의 국가로 북한과 여러모로 동질적인 위치에 있었다. 동독행 북한 유학생들의 성격을 분류하면 크게 세 그룹으로 나뉘는데 북한의 대학생, 고등학생, 전쟁에서 다친 상이군인이 그들이다. 그런데 동독 유학을 위해선 중요한 조건이 있었다고 한다. 먼저 과학과 수학 시험을 통과해야 했고 최고점을 받은 학생들에 한해 중국 국경 근처에서 몇 달 간 훈련을 받으며 유학을 준비하는 시간을 가질 수 있었다. 그곳에서 러시아어를 어느 정도 익혀야 하는 임무도 주어졌다.

그렇게 지난한 과정을 거쳐 북한당국이 동독으로 유학생을 파견한 이유는 그리 간단하지 않다. 다만 가장 큰 목적은 국가재건을 위한 일꾼을 육성하기 위해서였다. 일제강점기 이후 국가 재건에 필수적인 인재들 중 많은 수가 일본이나 한국으로 이주해갔기 때문이다. 따라서 냉전시대 공산주의 국가 간 연대를 강화하는 거시적인 목적 이외에, 더 발전된 제도와 시스템 등을 경험한 일꾼을 확보하는 일은 중요했던 것으로 보인다. 그러나 북한인 유학

생의 동독생활 과정에서 뜻밖의 사태가 벌어진다. 20대의 젊은 북한 유학생들과 동독의 젊은 여성들이 서로 사귀면서 결혼을 약속하거나 실제 결혼을 하는 사태가 발생한 것이다.

그런데 진짜 갈등은 북한당국이 유학생을 파견한 지 얼마 지나지 않아 동독에 간 유학생들을 강제적으로 소환하면서 발생한다. 그렇게 되면, 많은 동독 여성들이 사실상 미혼모가 되거나, 홀어미가 되어 자식들을 기를 수밖에 없지 않겠는가. 특히 혼혈의 흔적을 몸에 새긴 채 아버지의 얼굴도 모르고 자란 자식들은 사회적 차별과 외로움, 가난, 정체성의 혼란을 견뎌야 할지도 모른다. 실제로 <평양연서>는 북한 유학생 강제 소환 결정으로 인해 상처로 얼룩진 인생을 살아온 이들을 세심하게 들여다본다.

<평양연서>를 연출한 조성형 감독은 한국에서 대학을 졸업한 후 독일로 이민을 가서 지금은 한국계 독일인으로 살고 있다. 그곳에서 그녀가 만난 당시 북한 유학생 부인들과 그녀의 자녀들은 통일 독일 사회 내에서 분단한국의 상처를 되새김해주는 특별한 존재들이었을 것이다. 좀 더 큰 틀에서 보면, 그들은 이미 끝난 줄 알았던 냉전의 고통이 아직 남아있음을 보여주는 기표들이다. 좁게는 북한사회의 국가 우선주의에 개인사를 저당 잡힌 경계인들이다. 이념노선 등을 중시하는 공산주의 사회에서 언제든지 발생할 수 있는 폭력적 상황을 삶으로 전시하는 이들이라고도 말할

수 있다. <평양연서>의 미덕은 불행한 경계인으로 반세기를 견뎌 온 그들의 입장을 고백과 증언에 의해 선명하게 담아낸 데 있다. 감독 스스로 자의적인 해설이나 주장을 절제하면서 인터뷰이들의 진솔한 감정을 그대로 전면화하는 데 성공한 것이다.

영화에 관한 사전정보를 최소한으로 공유시키는 오프닝 씬이 끝나면 북한 유학생들의 부인으로 지난 반세기의 고통을 견뎌 온 레타네 홍, 루스 룽에, 마르가 심이 등장한다. 그들은 여전히 생생한 기억으로 남아있는 50여년 전의 일들을 카메라 앞에서 술회한다. 이를테면 북한에서 유학 온 남편을 처음 만난 사연, 학교나 무도회장 등에서 연애 감정을 키우던 일상 등이 소개된다. 우리는 그들의 표정과 언어를 통해 각자의 남편을 처음 대면했을 때 느낀 낯선 호기심이 진심어린 사랑과 연민으로 바뀌는 과정을 짐작하게 된다.

인터뷰 도중에 삽입된 1950년대 북한 유학생들의 사진과 자료들은 지금의 북한과 당시의 북한을 구별하여 이해하는 데 도움을 준다. 당시만 하더라도 공산주의 진영에 속한 국가들이 많았고 그들 간의 연대의식이 끈끈했다. 국제

㉮ 50여년 전 마르가 심과 그의 남편.

사회 내에서 북한의 위상이 지금처럼 폐쇄적인 세습국가로 격하되기 전이기도 했다. 북한에서 온 유학생들의 헤어스타일이나 옷차림, 생활방식도 놀랄 만큼 자유분방했고 상대적으로 세련되었다는 인상을 갖게 된다(㉮).

결국 문제는 북한 유학생들이 갑작스런 북한당국의 명령에 의해 본국으로 돌아가야만 했다는 데 있다. 이 상황에 대한 현실적 이해를 위해선 1950년대부터 1960년대 초중반까지 북한체제가 어떤 변화의 과정에 있었는지를 파악해야 한다. 공산주의 국가들 사이의 정치질서가 급변하는 과정에서 김일성의 정치적 입장선회가 <평양연서> 속 등장인물들의 '생이별'을 불러왔기 때문이다.

먼저 1950년대만 해도 중국과 북한은 공산주의 진영의 모국이라고 할 수 있는 소련에게 의존적인 관계였다고 할 수 있다. 북한 입장에서 한국전쟁을 바라보면, 이 전쟁은 소련, 중국의 승인과 원조 아래 치러진 전쟁으로 규정할 수 있다. 그리고 소련과 중국의 입장을 다시 비교하면, 실질적으로 큰 피해를 감수하며 한국전쟁에 참여한 당사자는 중국이지만, 중국 역시 소련의 지휘 아래 놓여 있었다고 해도 과언이 아니다. 여하튼 3년 동안의 전쟁 수행 과정에서 북한, 중국, 소련은 동맹국으로서 입지를 다지는 한편 미묘한 갈등의 싹을 나눠 갖게 된다.

좀 더 구체적으로 갈등의 촉발 과정을 설명하면, 중국의 모택동은 작전권을 행사하는 과정에서 스탈린과 의논하며 그의 총지휘 하에 북한을 지원한다. 그런데 전쟁이 무의미한 소모전으로 장기화되자 북한과 중국은 1952년까지 정전을 원했다고 한다. 그러나 소련이 속전의 의지를 이어가면서 두 국가는 1953년 7월 정전협정이 체결되기까지 막대한 피해를 감수하게 된다.[74] 당시 소련은 배후에서 상황을 통제하며 큰 권한을 누렸음에도 군수지원 등엔 소극적이었다. 따라서 한국전쟁 이후 여러 우여곡절을 겪은 북한은 결과적으로 중국과 더 긴밀한 관계를 이어가게 된다. 막대한 지원군을 보냈던 중국과 권한만을 가졌을 뿐 이기적이었던 소련 사이에서 실리적인 판단을 내리게 된 것이다.

북중소 3국의 갈등이 외부적으로 표출되기 시작한 직접적 사건은, 스탈린 사후에 열린 소련 공산당 제20차 대회(1956년 2월)를 계기로 한다. 당시 소련 공산당은 자본주의 진영과의 평화 공존을 주장하고 자본주의에서 사회주의로의 평화적 이행이 가능하다는 입장을 천명한다.[75] 이 과정에서 중국의 모택동은 소련의 정치적 입장을 일종의 수정주의 노선이라고 비판하면서 명확한 대립각을 세운다. 이후 중국만의 독자적인 경제재건 프로젝트를 추진해

74. 이미경, 「1950-60년대 북한·중국·소련 삼각관계의 형성과 균열」, 『중소연구』, 한양대학교 아태지역연구센터, 2002, p.89에서 재인용.

75. 이종석, 앞의 책, p.27.

가게 된다. 모택동 정권은 소련이라는 큰 우산 아래에서 한 발짝 비켜나기 시작한 것이다. 현실적으로 대만 문제 등을 안고 있었던 중국은 미국과 좀 더 강경한 대결주의 원칙을 펼 수밖에 없는 상황이기도 했다.

흥미로운 건, 중국처럼 북한도 1960년대 들어 대외적으로 자주 노선을 천명하고 사상적으로 주체사상의 근거를 확보해가기 시작했다는 것이다.[76] 그 과정에서 북한은 중소 사이에서 침묵하던 시간을 끝내고 중국의 입장을 선명하게 지지하기 시작한다.[77] 1962년에는 『로동신문』을 통해 반소친중 기조를 전면적으로 드러낸다. 자립적 민족경제 체제 확립을 위해 중국, 베트남 등과 함께 독자노선을 형성해가기 시작한 것이다. 이후 냉전 시대를 보여주는 굵직한 국제적 사건들이 발생할 때마다 북한은 반소 목소리를 높인다. 쿠바 사태 때 소련의 태도를 비판한 것도 그 중 하나다. 그처럼 1965년까지 북소 관계는 완전히 틀어졌고 김일성은 소련의 지휘나 간섭을 벗어나 독자 권력화의 길을 닦는다.

이러한 정보가 중요한 것은, 북소 관계의 냉각화와 북중 동맹관계의 강화가 동독에 머물던 북한 유학생들의 강제 소환에 직간

76. 이종석, 앞의 책, p.26.

77. 예컨대 조선노동당은 1961년 초에 소련과 극단적으로 갈라선 알바니아노동당과 서로 대표단을 주고받으며 친목을 다진다.

접적인 이유가 되기 때문이다. 국제 공산주의 진영의 분열이 표면화되던 그때, 동독은 소련의 편에 서서 평화공존에 대한 입장, 그러니까 북한과 중국이 비판하던 수정주의 노선을 따른다. 그 때문에 북한당국의 관점에서 유학생들을 동독에 계속 두는 것은, 사상적 노선의 분열을 가져올 수 있는 위험인자를 방치하는 꼴이 된다. 그래서 김일성은 동독에 머물던 유학생들을 강제 소환하기로 결정한다. 다시 말하지만, 이 결정은 중장기적으로 북한 사회의 내부분열을 야기할 수 있는 가능성을 사전에 차단하기 위한 결과였다.

조국으로 돌아간 북한 유학생들은 한동안 동독의 아내와 연락을 취했다. 주고받은 편지의 내용이 절대적인 진실이 아닐 수도 있지만, 북한으로 돌아간 유학생 중 일부는 언젠가 동독의 가족과 재회할 것이라는 희망을 잃지 않았던 것으로 보인다. 그러나 어느 쪽이든 북한당국의 강고한 입장에 따라 동독 측 가족과의 연을 계속 이어갈 수 없게 된다. 북한으로 돌아간 동독유학생 중 일부는 북한 땅에 정착해 살기 위해 새로운 가정을 꾸린다. 이로써 레나테 홍과 마르가 심, 루트 룽에 등은 자기 의사에 반하여 남편을 잃게 되고, 아버지 없는 자식을 홀로 키우게 된다.

이 영화에서 각별한 인상을 남기는 토마스 힐만과 이나 그라우어는 각각 루트 룽에와 마르가 심의 아들, 딸이다. 그들은 인터뷰 내내 아버지에 대한 이중적 감정을 드러낸다. 그들은 성장기를 지나는 동안 아버지의 부재와 예외적인 자기 정체성에 고통받았으면서도 더 큰 아픔을 안고 사는 어머니를 생각해 아버지 부재로부터 주어지는 감정을 절제해야 했다. 그들은 아버지에 대한 기억 자체가 없기에 어머니가 전해 준 최소한의 정보로 아버지 부재의 상황을 이해할 뿐이었다. 그리고는 2003년 안팎 독일 적십자를 통해 아버지 사망통지서를 받으면서 북한을 향했던 모든 감정을 추스르게 된다.

<평양연서> 후반부, 레나테 홍은 한국 정부와 독일 접십자 및 외무부 등의 도움으로 두 아들과 함께 평양을 방문하게 된다. 그녀는 무려 40여년 만에 당시 북한에 생존해 있던 남편을 만나 열흘간의 꿈처럼 행복한 시간을 누린다. 그런데 그녀는 남편과 첫 상봉이 이뤄진 공항에서 너무 많이 달라진 남편의 외모 때문에 충격을 받았다고 고백한다. 극적인 이산가족 만남의 순간이지만, 그들은 그렇게 어색한 재회로부터 북한에서의 동행을 시작한다. 심지어 바닷가에서 남편의 배에 난 흉터를 확인할 때까지, 그녀는 상대가 진짜 남편이 맞는지 의심했다고 말한다. 그녀의 이 진솔한 고백은 우리에게 사소한 해프닝으로 들릴 수 있다. 그러나 곰곰이 생각해보면, 남북분단에 따른 디아스포라 문제가 개인의 삶을 어떤 수준으로 피폐하게 하는지 확인시킨다. 또한 개인사와 가정사

에 떠넘겨진 냉전시대의 흉물스러운 유산이 얼마나 무거운 고통인지를 상상하게 한다.

㉯ 레나테 홍의 기억에 관한 애니메이션

<평양연서>는 이 특별한 사연이 전시되는 순간에도 감정적 거리를 유지하려 애쓴다. 영화 전체에 걸쳐, 인터뷰이의 감정이 고조되는 순간엔 그들의 표정을 정면으로 잡지 않거나 우회적인 영상과 함께 음성만을 들려준다. 이는 <평양연서>의 연출 방향을 간접적으로나마 추측할 수 있도록 돕는다. 사실 <평양연서>는 등장인물들의 극적인 과거사의 순간들마다 애니메이션으로 연출된 장면을 보여준다. 동독 여성과 북한 유학생들의 첫 만남 순간이나, 마지막 이별의 순간도 모두 애니메이션으로 담담하게 처리된다(㉯). 이 영화가 의도한 건, 등장인물들의 고양된 감정에 우리를 동일 시 시키려는 게 아니다. 분리와 이별의 고통을 야기한 이 비극적인 사태의 경과를 차분히 들여다보게 하는 데 목적이 있다. 더 정확히 말하면, <평양연서>는 개인의 기본적인 자유권보다 앞서서 작동하는 북한정권의 체제 수호 원리를 통찰하게 하는 데 핵심 의도가 숨어 있다.

2010년 토마스 힐만과 이나 그라우어는 이미 그들의 아버지가 죽고 없는 북한을 여행하게 된다. 토마스 힐만의 경우 여행의 목

적이 전적으로 어머니를 위한 것이라고 밝힌다. 그들은 그곳에서 북한의 이모저모를 사진과 영상으로 담은 후 동독에 남겨진 어머니들에게 보여주고자 한다. 그러나 그 과정에서 그들은 또 다른 성격의 역설적 감정을 갖게 된다. 26시간을 비행한 끝에 도착한 평양은 '낯섦'과 '익숙함'을 모두 가진 도시로 다가온다. 이후 본 북한의 풍경들도 이중적으로 해석되는 바, 깔끔하지만 단출하고 평온해보이지만 빈곤하다. 그들이 본 북한 공연 역시 매우 훌륭하지만, 그만큼 작위적이다. 독일통일 이후 선진화 된 민주주의 시스템에 익숙해진 그들의 눈에 북한은 불편한 향수를 불러일으켰는지도 모른다.

그들은 결국 북한에서 각자 원하던 여행지를 가지 못한다. 함흥은 토마스 힐만의 아버지가 머물렀던 곳이었고, 금강산은 이나 그라우어가 가보고 싶던 곳이었다. 그러나 북한당국은 외국인들에게 허락된 방문코스만을 허락한 것으로 보인다. 여러 유사 다큐멘터리에서 확인된 것처럼 그들도 김일성 동상에 대한 참배와 함께 여행 일정을 시작한다. 동해에 가서도 외국인 방문 허용지에 머물며 그들끼리 해수욕을 즐겨야 했다. 그만큼 그들은 안내를 가장한 검열과 감시의 눈에 둘러싸여 아버지 고향에서의 여행을 마친다. 영화 밖 정보를 옮기면, 이 여행에 감독이 동행하지 못한 이유도 북한당국의 검열과 감시 때문이다. 북한이 <평양연서

>의 주제의식을 빌미로 문제를 제기할 수 있겠다는 생각[78]은 누구나 할 수 있는 일이다.

결과적으로 <평양연서>는 냉전시대 비극의 현장에 서 있던 북한 남자와 동독 여자가 입은 폭력을 증언한다. 그리고 그 폭력을 받아 안은 상처가 오랜 시간 아물지 않고 가족의 비극으로 이어지는 과정을 대면하게 한다. 이 영화 속 등장인물의 고통은 인권침해의 차원에서 접근할 때, 문제의 진면목을 만날 수 있다. 그들은 자유권적 기본권, 곧 기본적인 인격적 자유부터 박탈당한 것으로 볼 수 있다. 국가권력의 부당한 간섭, 침해에 의해 개인에게 마땅히 보장되어야 할 자유권이 상실된 것이다. 경우에 따라 입국의 자유가 불인정될 수가 있다고 하더라도, 동독에 남겨진 아내들과 북한으로 소환된 남편들이 서로를 방문할 수 없었던 세월이 이해될 순 없다. 그들의 만남이 국가안전보장에 심각한 위험을 초래할 개연성도 없어 보인다. 덧붙여 국적을 이탈하거나 망명을 신청할 권리 등도 제네바 협정이나 세계인권선언 기조에 따라, 또 국제협조주의 기조에 따라 얼마든지 보장받았어야 했다.

한편 그들은 서로 통신의 자유도 보장받지 못했던 것으로 보인다. 개인적인 편차는 존재하지만, 동독에 남겨진 아내와 그 자식

78. 김지연, 「'남북미생' 조성형 "통일될 때까지 분단문제 다큐 만들 것"」, 『연합뉴스』, 2015. 9. 19.

들은 1960년대 초를 기점으로 북한의 소식을 접할 수 없게 된다. 의사를 전달하고 정보를 교환할 권리가 국가(북한)의 공권력에 의해 침해당한 것이다. 당연한 말이지만, 전화나 편지의 내용을 국가에 공개할 이유도 없다. 누구에게나 사생활의 자유로운 형성과 전개가 중요하고 그 과정에서 방해를 당하지 않을 권리가 있다. 지금의 독일은 개별 입법으로 이 사안을 철저히 보장하는 국가이기도 하다. 그러나 북한은 국가의 이름으로 사생활의 형성과 유지를 불허했으며 유학생 강제 소환 직후에 양자 사이를 오간 편지들도 검열했던 것으로 추측된다.

<평양연서>가 조명한 최대의 비극은 생존권적 기본권, 곧 사회권의 침해에서 왔다고도 할 수 있다. 우린 각자의 존엄과 양성 평등의 원칙에 기초해 혼인을 할 수 있고 가족을 꾸려 나갈 수 있다. 그러나 북한은 체제 수호라는 국가적 차원의 대의에 따라 개인의 그 같은 자유를 무시해 버린다. 그러한 폭압적 구속이야말로 국제 질서 속에서 북한이 공존 가능한 지역 시민성을 가진 나라가 아님을 드러낸다. 개인의 연애 감정과 정서 공동체로서 가족을 이루는 문제까지 단속하는 사회라면, 세계시민주의의 실현 가능성을 떠올리기 전에 최소한의 '정상성'을 고려해야 하는 상황이지 않겠는가.

결국 <평양연서>가 조명한 비극의 발원지엔 북한의 극단적인

일국주의가 있다. 일찍이 벡은 그러한 사회를 향해 세계시민적 관점을 갖춰야만 몰락의 비용을 방지할 수 있다[79]고 논한 바 있다. 그런데 우리는 이 문제가 오늘날의 국제질서 안에서 어떻게 유형화될 수 있는지를 좀 더 침착하게 살필 필요가 있다.[80] 벡은 '성찰적 근대성'의 화두가 보편화되기 이전, 그러니까 기존의 '근대' 개념에 부합하는 시대를 '제1근대성'의 시기로 표현한다. 이 시기에는 집단적 문제 해결을 위한 제도들이 정착되기 시작한다. 국민국가 형성이 집단적인 문제들에 대한 하나의 해결책으로 등장한 것이 제1근대성의 중요한 표지일 수 있다. 벡은 이러한 논리가 성립하기 위해선 두 가지 가정이 성사되어야 한다고 본다. 첫째 집단적 문제들이 국가라는 틀 안에서 해결되고, 해결될 수 있어야 한다. 둘째, 근대국가를 조직하는 최적의 수준은 민족의 수준이다.

그러나 우리가 살아가는 현재는 제1근대성의 시기를 이미 지났다. 이를테면 경제력 확보 차원에서, 또 생활 문화 신장이나 군사 전략 마련 차원에서 일국주의적 관점이 더 이상 유효하지 않게 되었다. 유연한 정치 질서 확립이나 생태 문제 해결을 위해서도 전 지구적 상호의존성이 심화된 현실을 의식할 필요가 생겼다. 그러

79. 울리히 벡, 앞의 책, 358쪽.

80. 이하 제1근대성, 제2근대성에 대한 논의는 다음 책 부분을 요약적으로 참조. 울리히 벡, 홍찬숙 역, 『세계화 시대의 권력과 대항권력』, 길, 2011, p.393.

한 변화로 인해 세계는 제2근대성의 시기로 이미 분기되기 시작했고, 우리에게 '성찰적 근대성'의 개념은 더욱 중요해졌다. 벡은 그 연장선에서 제2근대성의 시기에 공존하게 된 네 가지 국가유형을 다음 표와 같이 설명한다.

제2근대성의 국가유형론[81]

주권	지구적 상호의존성 (경제, 문화, 군사, 정치, 생태)		
		폐쇄적/보호주의적	개방적/세계개방적
	일국적/자율적	종족국가	신자유주의 국가
	초국적/협동적	초국적 감시국가, 요새국가	세계시민국가, 세계시민체제

벡의 국가유형론에 따라 <평양연서>가 고발하는 북한을 보면 지구적 상호의존성 심화라는 자연스러운 흐름에 전력을 다해 역행하는 종족국가에 가까운 유형이라 생각된다. 실제로 북한은 일국적 정치제도와 법규를 방어막 삼아 자기 폐쇄적인 시스템으로 작동된다. 종족주의 국가의 중요한 특징[82]인 "배제, 문화적 타자와 공존불가, 비팽창·비보편주의라는 방향"을 견지하며 "일국적 시민권"이라는 특수한 맥락 하에서만 편협한 자유를 보장한다. 사실상 세계화 시대에 "정치가 붕괴된 국가"로 수세적 생존의 길을

81. 울리히 벡, 앞의 책, 같은 쪽.

82. 이하 큰 따옴표 부분은 다음 책 부분에서 인용. 위의 책, p.396.

택하는 셈이다. 벡은 종족국가들의 모순을 지적하면서 "종족국가 내 인권침해 가능성"과 인권침해 상황의 심화로 천민국가화 되는 문제를 지적한 바 있다. 궁극적으론 "군사적 개입을 포함하는 국제적 개입"이 시도될 것이란 전망을 덧붙인다.

<평양연서>는 북한이 걸어온 일국적 종족국가로의 길이 언제, 어디에서부터 기원했는가를 추측하게 하는 텍스트이기도 하다. 최근까지 북한은 국제사회의 상식과 맞닿아 있는 호혜적 평화주의 노선을 빈번하게 위협했다. 예를 들어 2017년 7월 4일, 북한은 대륙간탄도미사일(ICBM)을 발사하면서 유엔 안보리 결의안을 의도적으로 위반한다. 이는 그들이 견지하고 있는 일국주의적 방어논리, 자기폐쇄적 대결논리를 다시 한 번 드러낸 상징적 사건일 수 있다. 이후 일부의 주장이긴 했지만, 종족국가에 대한 벡의 언술대로 군사적 개입을 포함한 국제적 개입의 불가피성이 언급되기도 했다.

그렇다면 4.27 판문점 선언은 반인권적인 종족주의 국가처럼 행동해 온 북한에게 세계시민주의의 원칙과 이상을 제안하는 기회의 의미가 있다. 대북제재를 강화하기 위해 국제적으로 공조하던 이웃들도 이제는 미래지향적 공존 방식을 제시하면서 북한을 설득해야 한다. 그간 북한의 돌발행동에 직접적으로 이해가 얽혀 있던 국가들은 평화적 해결을 위한 전략적 인내를 해오던 터였다.

그렇다면 이제는 그들이 '전략적 설득'을 위한 공론장을 만들어가는 데 지혜를 모아야 할 것이다.

다시 말하지만, <평양연서>가 들춘 비극은 사실상 지난 반세기 동안 북한당국이 취해 온 일관된 정치노선으로부터 빚어진 것이다. 동독으로 간 유학생들을 강제 소환한 사건은 우발적이거나 일시적인 조치로만 볼 수 없다. 1960년대로 넘어가는 그 시점, 그러니까 자립갱생의 기치 아래 주체사상의 모태가 되는 폐쇄적 일국주의 노선이 형성되기 시작한 그 무렵부터 자발적 고립의 역사는 이미 시작되고 있었다. 그리고 1960년대를 지나는 동안 북한사회에서 '개인'은 국가 시스템의 구성품으로 왜소하게 위축된다. 이 같은 관점에서 보면, 북한이 세계적 연대의 흐름 속에서 독자적 '섬'이 된 것도 김일성을 중심으로 한 체제 구축기의 유산일 수 있겠다.

그렇다면 이 문제는 북한과 인적·경제적 교류를 하고 있는 국가들과의 협력이 중요해 보인다. 예컨대 레나테 홍, 마르가 심, 루트 룽에와 같은 동독출신 여성들의 아픔, 이나 그라우어나 토마스 힐만이 경험한 정체성의 혼란과 비극적 외로움은 '동독'에서 일어났다. <평양연서>가 북한과 소통하는 모든 국가에게 요청하는 메시지는 단순하다. 북한과 교류하는 국가들은 공신력있는 국제기구의 결정, 보편적 세계인권선언의 기치 아래 균질한 태도로 연대해야 한다. 이제 '4.27 판문점 선언'을 효과적으로 이행해가기 위해서라도 쌍방 호혜적 관계를 위해 전제되어야 할 국제사회의 요청을 북한에 주지시켜야 한다. 특히 북한이 대화를 거부해 온 주제, 곧 도덕적·인권적 차원에서 제기된 그간의 문제적 사태에 대해 국제사회의 승인을 받아야 한다.

이제 우리에게 남겨진 숙제는, 북한이 전지구적 상호의존성이 증대되는 흐름에서 더 멀어지지 않도록 대화 루트를 다각화하는 것이다. 남북정상회담 이후의 기류대로 남북 정상 간의 핫라인이 원활하게 작동하고 경제적·문화적 교류가 확대된다면, 북한이 극단적 종족주의의 길에서 벗어날 수도 있을 것이다. 여기에 국제사회가 민간 차원에서부터 북한과의 소통 창구를 늘려간다면 북한에 일고 있는 변화의 바람이 거세질 수 있을 것이다. 기억해야 할 것은, 2001년 마르가 심이 북한에 가서 극적으로 남편을 재회할 수 있었던 배경이다. 당시 독일 방송사, 한국인 교수, 국제적 민간단체 등이 서로 협력했던 것을 떠올려야 한다. 국가의 경계를 넘어 자율적으로 활동하는 여러 주체들이 인도주의적 목적 아래 시너지를 발휘한 점을 주목해야 한다.

분단을 이유로 촉발된 비극적 디아스포라 문제는 당사자들의 나이와 처지를 고려할 때, 매우 절박하고 시급한 논점이다. 우리가 <평양연서> 속 인물들이 경험한 비극의 세월을 더 소상히 살펴야 하는 이유다.

● '시선/응시'의 틈새에서 분열하는 감시사회: 〈태양 아래〉[83]

<태양 아래>는 평양에 사는 소녀 진미가 조선 소년단에 입단하는 과정을 다룬다. 그러나 그의 가족들, 친구들을 1년여 간 촬영한 카메라는 영상 이면에 작동하는 북한 당국의 통제 메커니즘을 고발한다. 종종 등장하는 자막은, 만스키 감독이 북한 당국으로부터 영화 제작에 관한 승인을 받은 후부터 비정상적인 상황을 견뎌왔음을 암시한다. 북한 당국자들이 제작 과정에 개입하고 사연을 조작하면서 카메라 앞 현실을 끊임없이 왜곡했던 것이다. 심지어 그들은 피사체의 위치, 인물의 표정, 대사의 내용과 톤, 연기방식, 구도와 조명까지 정치적 합목적성을 고려해 기획한다. 상당수의 상황이 허구적인 설정에 기인한 것으로 영화 제작 과정 전반을 기만한 것이다. 이러한 기이한 사전 검열 상황에 관해서는 오프닝 씬 이후 곧바로 등장하는 첫 번째 자막에서부터 암시된다.

> 이 영화의 시나리오는 북한에서 건넨 것이다. 그들은 호텔에서 밤낮으로 우리를 감시했고 촬영장소 역시 사전에 섭외했으며, 길을 안내한다

83. 이 챕터는 다음 보고서의 글을 수정·보완해서 작성되었다. 안숭범, 앞의 책, pp.54-72.

는 명목으로 늘 우리와 동행했다. 그들은 세상에서 가장 좋은 나라에 사는 평범한 가족의 이야기를 보여주는데 실수가 없도록 촬영한 모든 영상을 검열했다. 영화 속 아이는 위대한 김일성 장군이 국가의 초석을 다지기 위해 조직한 조선 소년단에 참가할 준비를 하고 있다.[84]

인용문을 통해 짐작할 수 있듯이 <태양 아래>는 다큐멘터리 제작 태도에 대한 '자기 반영성(self-reflexivity)'을 인상적으로 보여준다. 다큐멘터리라는 매체의 속성에 질문을 제기하면서 영화적 세계에 개입된 허구성과 인위성을 낯설게 성찰하도록 종용하기 때문이다. 더 나아가 이 작품은 북한이라는 전일적 사회체제에 의해 왜곡되고 굴절된 예술의 본질적 위상을 되짚는 데까지 논점을 끌고 간다.

빌 니콜스의 다큐멘터리 양식 구분에 근거해 말하면, 이 작품은 관찰자적 양식을 차용한 면이 있다. 실제로 보이스 오버 해설이나 인터뷰 등도 배제되어 있다. 대신 설정 쇼트(establishing shot)와 재설정 쇼트(reestablishing shot)를 인상적으로 다루면서 사건이 벌어지고 있는 배경의 기이한 분위기를 건조하게 스케치한다. 예컨대 평양 시내에 산재한 권위적 분위기의 건물과 동상, 조각물, 거대한 선전·선동의 교시 설치물 등은 음산한 안개에 쌓여 있거나, 특유

84 영화 시작 후 28초 부분.

의 회색톤을 드러낸다. 상당수의 북한 소재 다큐멘터리가 평양의 특이한 건축물들을 낯선 느낌으로 전달하지만, 이 영화의 의도는 유독 두드러진다. 결과적으로 이들 피사체들은 그곳을 오가는 평양시민들의 의식과 내면을 추측하는 데 잠재적 영향을 미친다(㉮-㉱). 더 나아가 지금 우리가 보고 있는 다큐멘터리가 사실이나 사실에 가깝다고 여겨지는 진실이 아니라는 점을 확인시킨다.

㉮ 사회주의 상징물로서 거대한 조각상

㉯ 건물 복판에 걸린 김일성, 김정일 사진

㉰ 평양 곳곳에 산재한 선전 · 선동의 구호들

㉱ 거대한 김일성, 김정일 부자 동상

이러한 이미지텔링은 명료한 정보를 주거나 안정된 해석을 주려는 연출이 아니다. 평양에 사는 가족에 대한 정리된 설명을 내놓으려는 의도와 상관없다. 인물들의 '훈련된 가식'과 시공간적 배경의 관계를 사적으로 탐색하는 데 그 목적이 있다. 이를테면 뭔가 의뭉스러운 평양의 분위기에 휩싸여 표정 없는 평양시민의 모습이 인과 관계없이 나열될 때, 우리는 그들의 의식화 된 구호와 종교에 가까운 백두산 혈통에 대한 찬양이 어디까지 진심인지를 회의하게 된다. 전일적 사회시스템에 광신적으로 점착된 평양시민들의 열정이 어떤 분위기 속에서 '개발'되고 있는가를 느끼게 되는 것이다. 결과적으로 <태양 아래>의 감독은 관찰자의 눈(카메라) 뒤에 숨어 관객에게 미묘한 정서적 아이러니를 안기는 역할을 한다.

이처럼 <태양 아래>는 감독이 영화적 상황에 개입하고 있지 않다는 인상을 주면서 실제로는 간접적인 개입을 일관되게 진행한다.[85] 그 와중에 이 영화는 성찰적 양식의 다큐멘터리로 나아간다. 여느 다큐멘터리처럼 영상에 담긴 세계를 적당한 거리에서 보게 하면서도 '다큐멘터리 자체'를 볼 것을 요구하는 것이다.[86] 풀어 설명하면, 이 영화는 현재 우리가 보고 있는 것이 가공된 연기라는 사실을 지속적으로 암시하고 그에 대한 단서를 직접 제시하기도 한다. 진실이 인위적으로 구성되거나 개발될 수 있다는 사실과 그

85 빌 니콜스, 앞의 책, 184쪽

86 위의 책, 202쪽.

에 대한 사례를 접하게 한다. 이로써 다큐멘터리를 대하는 관객의 보편적 태도라고 할 수 있는 리얼리즘적 각색·수용을 끈질기게 방해하는 것이다.

> 성찰적 양식은 가장 자의식적이며 자신의 동기에 대해 성찰적인 재현 양식이다. 세계에 대한 리얼리즘적인 접근, 설득력 있는 증거를 제시하는 힘, 논쟁의 여지가 없는 증거의 가능성, 지표적 이미지와 그 재현 대상 간의 엄숙하고 지표적인 결속관계 등의 모든 개념이 의심을 받게 된다.[87]

인용문은 빌 니콜스가 성찰적 양식의 다큐멘터리가 어떤 특성을 지니는지를 설명하는 대목이다. 그렇게 보면, <태양 아래>는 제작 양식 자체가 매우 선명한 수준으로 기획 의도를 증명한다고 할 수 있다. 위의 인용문에서 추측할 수 있듯이, 성찰적 양식의 다큐멘터리가 취하는 기술적 방법론은 브레히트의 '소격 효과', 러시아 형식주의자의 '낯설게 하기' 방식으로 통한다. 실제로 우리는 <태양 아래>를 보는 중 인위적인 상황들에 이물감을 느끼며 '당국의 명령-실무자의 통제-출연진의 연기-결과로서 조작'이라는 메커니즘의 작동을 지속적으로 상기하게 된다. 그 결과 <태양 아래>는 객관적 설명의 의지가 없는 작품임에도 불구하고, 매우 강력

87. 빌 니콜스, 앞의 책, 206쪽.

하게 북한 당국의 정치적 권위주의에 대한 반감을 불러일으킨다.

그렇다면 <태양 아래>는 북한의 전일적 사회시스템과 북한 주민들의 관계에 대한 다른 방식의 설명을 담아낸다고 할 수 있다. 울리히 벡이 "나의 테제"[88]라고 설명했던 세계시민국가의 원칙적 가능성은 입헌적 관용의 원칙을 통해 여러 국민 정체성의 병존을 보장하는 중에 완성된다. 벡은 종교적으로 덧칠된 16세기 유럽의 내전들이 정교분리를 통해 종식되었고, 20세기 국민 단위로 일어난 세계시민 내전이 국가와 국민(혹은 민족)의 분리를 통해 해결점을 찾았듯이 21세기엔 세계시민국가 확립을 위해 새로운 모색에 나서야 한다고 말한다. 이제는 다른 국민 정체성을 가진 이들끼리의 상호공존이 실현되어야 하며, 더 나아가 초국적 정체성을 가진 이들에 대한 포용을 통해 새로운 국가체제와 질서를 수용[89]해야 한다.

일면 당연해 보이는 벡의 견해가 북한에 적용되려면 이해관련국의 협조 아래 북한은 짧지 않은 과도기를 거쳐야 할 것이다. '4.27 판문점 선언' 이후 북한이 보인 개방·개혁의 태도가 일관되게 전면적으로 실천되어야 하기 때문이다. 예를 들면 북한이 실현

88. 울리히 벡, 앞의 책, 163쪽.

89. 위의 책, 162-163쪽.

해가야 할 세계시민적 개방의 상태란 '일국적 세계시민주의' 단계를 거칠 수밖에 없다. 이 단계에서 '초국적 세계시민주의'로 나아갈 수 있는 전략이 충분히 논의되고 사회적으로 합의된 후에 그 다음 단계로 이행될 수 있을 것이다. 이때의 '논의'와 '합의'는 주변국들의 도움이 없이는 사실상 불가능하다고 할 수 있다.

여기서 일국적 세계시민주의 단계가 요청된다는 의미는, 종족적 민족주의, 종족적 국민국가를 탈피하는 데까지 일정한 시간이 필요하단 것을 의미한다. <태양 아래> 속 진미와 그 밖의 북한 주민들의 모습을 경유할 때, 북한주민의 민족주의와 결부된 애국주의는 종교적 세뇌 수준에 가까워 보인다. 그들은 허구적으로 신념화 된 교리, 혹은 교리화 된 사상을 의심없이 내면화 할 때 공동체의 일원으로 인준 받을 수 있었다. 따라서 북한당국은 개개인의 사상과 감정을 단속해 온 사회체제의 한계를 있는 그대로 받아들이는 일부터 해야 한다. 그리고는 개방화 된 세계사회 속에서 용납될 수 없는, 존속시킬 수 없는 규범이나 제도를 과감하게 개혁해내야 한다. 이는 국제사회와의 협력 속에 헌법적 조건들을 바꿔나가야 한다는 말이다.

이러한 견해는 <태양 아래>에서 가시화 된 부분만 확대해서 보건대, 현재 북한사회의 특성을 공존 가능한 '지역시민성'의 범주로 넣을 수 없다는 주장과 같다. 그 때문에 전일적 지배체제 속에서 일국적인 문화로 굳어진 왜곡된 북한의 사회질서를 단번에 세계 시민사회의 지평으로 끌어올릴 수 없다는 것을 받아들여야 한다. 그런 의미에서 '일국적 세계시민주의' 단계란, 세계시민의 관점에서 용인할 수 있는 최소한의 '지역시민성'을 갖춰가는 단계를 의미한다고 할 수 있겠다.

'4.27 판문점 선언' 이후 김정은이 국제사회에서 합리적 정당성을 갖는 정치질서를 만들기 위해 자신의 권한을 내려놓을 수 있을까 상상해 보았다. 더 나아가 통일된 한반도에서 정치체제가 어떻게 정비될 수 있을까 생각해 보았다. 가정법에 근거한 비현실적 논의일 수 있지만, 통일 한국 시대에는 사회구성원의 합의 범위 내에서 사회주의 이념을 부분적으로 응용·수용한 정당들이 대안적인 좌파가 될 수도 있으리라 판단했다. 이는 왜곡된 사회주의에 투신해 온 북한 주민들의 정치적 열망을 담아내는 대안적 통로가 될 수도 있을 것이다.

물론 이때의 사회주의 기반 정당은 1인 독재체제를 공고히 하기 위해 존재하는 도구적 정당인 현재 북한의 노동당과 구별되어야 한다. 최소한 유럽 선진국의 좌파 정당처럼 민주 시민이 수용 가능한 이념적·정책적 스펙트럼 내에서 한 축을 담당해야 할 것이다. 예를 들어 통일 독일 이전, 동독에서 활동했던 독일 사회주의 통일당의 경우 독일 통일 이후 민주사회당으로 개명하고 지금까지 건전한 좌파로서 선명한 아젠다를 제시하고 있다. 같은 좌파계열 정당인 독일 사회민주당(이하 '사민당')과도 경쟁하면서 통일독일 이후 새롭게 재편된 정치체제 내에서 일정한 기여를 한 부분이 있다.

이러한 소박한 생각을 밝히는 이유는, <태양 아래> 속 등장인물들이 국가의 통제 아래 '거짓'을 '충성'으로 포장하고 있는 데서 충격을 받았기 때문이다. 이 영화가 문제제기한 부분을 놓고 북한 사회 전반을 비판하는 것은 온당치 못하다. 그럼에도 개인의 진실을 상시적으로 감시·통제·규율하는 국가의 권능이 너무 과도하다는 인상을 지울 수 없다. 이는 자폐적인 수준에 이른 북한식 사회주의의 한 단면일 수 있을 것이다. <태양 아래>를 통해 유추하건대 통일한국 시대 이후 그러니까 이념 전쟁이나 체재 경쟁이 완전히 끝난 이후라도 북한 주민의 고착화 된 의식과 문화를 바꿔가기 위한 '과정의 지난함'이 예상된다. 전체주의적 일국주의를 대리 실천해 온 현 북한 노동당의 기형성을 점진적으로 교정·극복하는 데에도 시간이 필요한 것이다. 그 때문에 북한이 '일국적 세계시민주의'의 면모를 갖춰가기 위한 한 방편으로 민주적 정당정치체제의 안착도 중요해 보인다. 특히 북한 주민들의 정치적 감수성에 상대적으로 더 근접한 좌파정당들의 역할이 크다고 판단된다.

그렇다면 통일 한국 시대에 새로운 기능을 감당할 좌파 정당을 예로, '초국적 세계시민주의'의 단계를 상상해 볼 수도 있을 것이다. 일단 그 정당은 초국적 법정이 존재하는, 혹은 그에 준하는 국제질서가 마련된 연합 국가 공동체 단위에서 정치적으로 세계적 공론장에 참여할 수 있어야 할 것이다. 이즈음에서 독일 내 좌파 정당 중 더 큰 지지를 받고 있는 사민당 유형을 생각해봐도 좋겠다. 물론 사민당이 '초국적 세계시민주의'를 완벽하게 실천하는 사회주의 정당이라고 볼 순 없다. 그러나 우리가 잘 알 듯이, 사민당의 경우 국제적으로 사회주의 인터내셔널과 진보동맹에 가입되어 있다. 심지어 현존하는 독일 정당 중 역사가 가장 오래되었으며 이미 프랑스 사회당, 영국 노동당, 스페인 노동자 사회주의당 등과 교류하고 연대하며 초국적인 정책 연대에 대한 의지를 갖고 있기도 하다. 2013년 독일 총선에서는 의석 수 193석(25.7%)을 확보했으며 2016년 이후 메르켈 총리가 속한 기민련과 연정을 하며 국가를 운영하기도 했다.

분단 이후 불구적인 좌우 논쟁에 제약받아온 한국의 정당정치 질서도 그러한 사례를 참고할 필요가 있다. 반드시 사회주의 정당이 필요하다기보다는, 정치적 비전과 가치의 측면에서 더 넓은 좌우 스펙트럼을 확보하는 일이 중요하다는 말이다. 그리고 '초국적 세계시민주의'는 정당정치의 세계적 연대와 개방을 포함한다. 궁극적으로 통일한국이 "국민국가의 경계를 넘어 초국적 주제들을 논의하고 그것들을 일국적 맥락 속에서 대변하는 세계시민정당"[90] 을 가질 수 있다면 이상적이라고 할 수 있겠다.

다시 <태양 아래>로 돌아가 아직 언급되지 않은 영화 내용을 살펴보기로 한다. 이 영화가 가장 정확하게 발화하고 있는 내용은 예술적 자의식마저 자유롭게 발현할 수 없는 폐쇄사회 북한의 낯 뜨거움이다. <나는 선무다>를 언급하는 장에서 충분히 다뤘지만, 한 사회가 예술가를 어떻게 대우하는가를 보면, '사상과 표현의 자유'가 통용되는 수준을 곧바로 알 수 있다. 그렇다면 <태양 아래>는 사회 구성원들의 개별적인 신념과 욕구를 존중하지 않는 북한사회의 어두운 면을 그대로 보여준다고 할 수 있다. 진미가 속한 조선소년단의 어린 단원들에서부터 진미 아버지가 다니는 봉제공장 노동자들(㉮)에 이르기까지 그들은 다큐멘터리 내용을 조작하는 당국에서 파견된 실무자의 허구적 지시를 그대로 따라간다.

물론 그들의 표정, 태도, 행동 대부분은 그 사태의 '문

㉮ 연출된 봉제공장 노동자들의 대화

90 울리히 벡, 앞의 책, 337쪽.

제성'을 인식하지 못한 것으로 보인다. 이는 그들이 삼대 세습체제가 규범화한 통치담론에 완벽하게 도구화되어 있음을 보여준다. 그들은 북한 당국이 관습화 한 감시적 응시(inspecting gaze)와 규범적 응시(normalizing gaze)를 통해 이념적으로 주체화되고, 급기야 권력장 안에 완벽하게 복속된 것처럼 보인다. 그러니까 대타자의 시선과 욕망을 수용한 후, 그의 약점까지도 환상적으로 봉합하면서 왜곡된 주체의 삶[91]을 받아들여 버린 것이다.

그래서 <태양 아래>는 일부러 평양을 지배하고 있는 교시들을 낯설고 음험하게 보여준다. 그리고 시민들에게 교시가 자율적으로 비판하고 검증할 수 있는 대상이 아니란 점도 환기시킨다. 또 영화가 진행되는 중 마땅한 대항 매체도 없고, 어떤 경로를 통해서도 당국의 지시가 비판될 수 없다는 사실도 확인된다. 그런 까닭에 <태양 아래>에서 김정은의 교시를 대하는 어린 학생들의 자세는 마치 당연한 마음으로 주기도문을 외우는 기독교 신자, 경건한 마음으로『금강경』을 강독하는 불교 신자의 태도와 다르지 않다.

사정이 이러하기에 현재의 북한 주민들이 통일 한국 시대로 진입한 이후 겪게 될 혼란은 예상보다도 훨씬 심각한 수준일 것이

91. A. Silverman, Holywood Gazing, New York: Routledge 2001, 108-111.

다. 그들에게는 민주주의의 근간을 이루는 정치적 자의식이 상당 부분 소거되어 있다. 따라서 세계 시민들과 자율적으로 병존할 수 있는 최소한의 '보편적 공공화 원칙'을 수용하기까지 적잖은 혼란을 경험할지도 모른다. 이와 관련해서 <태양 아래>에는 우리를 감정적으로 날카롭게 하는 장면들이 존재한다. 태양절을 앞두고 진행된 무용 연습 시간에 진미가 만족할 만한 훈련 경과를 보이지 못한 채 울먹이는 장면도 그에 속한다(㉳).

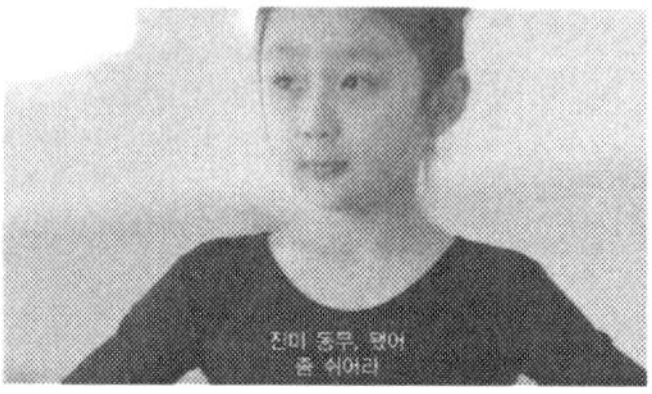

㉳ 무용 연습 중 진미의 눈물 장면

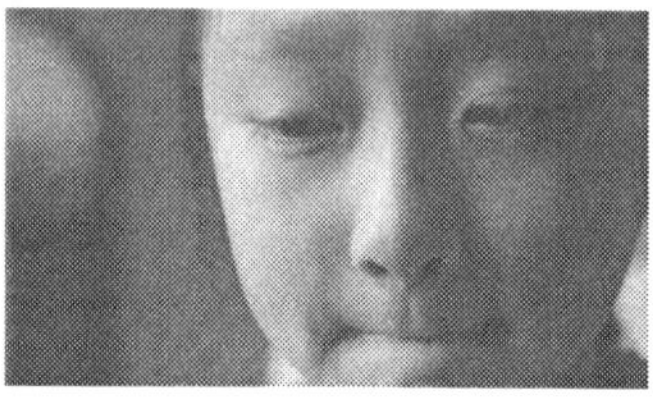

㉴ 클로즈업으로 대신하는 마지막 장면

이때 관객이 본 것은 이데올로기적 '시선/응시' 사이에서 분열하는 주체의 불안이다. 영화 엔딩 씬도 그 연장선에서 읽힌다. 엔딩 씬은 생애 첫 조직생활을 앞둔 진미가 선생님으로부터 외워서 답할 수 없는 질문을 받고서 내적으로 갈등하는 장면을 클로즈업으로 담아낸다. 강요 사회, 규율 사회라고 할 수 있는 북한에서 개인의 내면이 어떻게 관리되(어야 하)는지를 극단적으로 보여주는 쇼트가 아닐 수 없다. 따라서 <태양 아래>를 보고나면, 북한 주민들을 향한 세계시민적 가치 교육이 이론이나 주의에 치우쳐선 안 된다는 생각을 갖게 된다. 양심의 자유, 표현의 자유, 사상의 자유 등은 현실 사례를 통해 체험적으로 교육되어야 하며 국경 바깥의 시민들이 보장 받아온 기본권도 실천적으로 숙지되어야 한다. 요컨대 <태양 아래>는 북한을 두고 '민주주의의 세계시민적 개방'을 논하기 이전에 진미가 말없이 흘린 눈물(㉶)의 섬뜩함을 먼저 이해해야 한다고 말하는 작품이다.

04

대결적 이념에서
공존의 가치규범으로

대결적 이념에서 공존의 가치규범으로

세계시민주의자가 지녀야 할 중요한 덕목은 나와 내 가족을 향하는 사랑을 '멀리 떨어진 타인'에게까지 확장해내는 데 있다. '가족'이란 표현이 너무 이상적이라면 최소한 내 이웃으로 받아들일 수 있는 타인의 범주를 확장하는 것, 그러니까 좀 더 먼 거리의 타인에게까지 도덕적 감정을 지니는 것이 중요하다. 그런데 도덕적 감정에 뒤따르는 책임의식을 내 역량 안에서 실질적으로 구현해갈 수 있느냐의 문제는 더 중요하다. 그런데 그보다 주지해야 할 논점이 있다. 세계시민주의 가치의 실현이란, 공동체 내에서 동시적·협력적으로 진행되었을 때 효과가 크다는 사실 말이다.

이를테면 우리가 북한 양강도의 두 가정이 굶어 죽어간다는 소식을 믿을 만한 지인을 통해 들었다고 하자. NGO 인권단체를 통해 그들을 직접 지원할 수 있는 확실한 루트가 있는데, 두 가정이 당장의 식량난, 영양실조 등을 극복하고 최소한의 자립을 해나가기 위해 필요한 돈이 삼백만 원이라고 하자. 당신과 내게 삼백만 원 정도의 여윳돈이 있는데, 그 돈은 꼭 갖고 싶었던 괜찮은 가구와 책상, 가방, 옷, 신발을 사거나 자녀나 배우자가 평소 갖고 싶어 했던 악기를 사주고, 레슨 선생님을 붙여줄 수 있는 돈이다. 나이든 부모님의 버킷리스트였던 유럽과 남미지역 일대를 편안히 여행할 수도 있는 돈이다. 그렇다면 나와 당신의 필요는 생존의 문제와 직결되는 절박한 사안은 아니다. 실현된다면 삶의 질을 높여주고 우리에게 특별한 행복감을 줄 수도 있는 일들이다. 그러나 북한 양강도의 두 가정은 '우리에게 내일은 있는가'를 곱씹으며 하루하루 죽음과 씨름하는 처지다. 세계시민주의의 이상을 공유하고픈 당신은 양강도의 두 가정을 위해 기꺼운 마음으로 삼백만 원을 보낼 수 있을 것인가.

경제적으로 충분히 풍요로운 사람이 아니라면, 우리의 선택은 쉽지 않을 수 있다. 어쩌면, 우리와 더 친밀하게 연결된 가족의 행복이 더 우선이 될지 모르겠다. 나와 내 가족의 문제는, 그 내용이 시급한 것은 아니더라도 항상 더 각별하지 않는가. 그처럼 우리 대부분은 멀리 있는 큰 불행보다 가까이에 있는 작은 불편이 견디기 어려운 사람들이다. 그러니까 우리가 가까운 정서적 공동체에 더 큰 애정을 느끼는 건 전혀 이상한 게 아니다. 함께 한 시간만큼, 또 애정 관계로 결속된 정도만큼 상대에 대해 더 큰 책임의식을 느끼는 건 지극히 상식적이다. 반대로 나로부터 멀리 떨어진 사람들을 향해 엄격한 도덕적 의무감을 갖지 않는다고 해서 우리의 인격이 외부로부터 폄하될 순 없다. 또한 우린 스스로의 행복을 추구할 권리를 갖고 있으며, 그러한 욕망이 건강하게 발현될 때, 공동체가 더 건설적인 방향으로 나아가기도 한다.

그렇다면 다시 양강도의 두 가정을 어떻게 할 것인가의 문제를 생각해보자. '세계시민주의 가치의 실현이란, 한 공동체 내에서 동시적·협력적으로 진행되었을 때 효과가 크다'는 말은 바로 이 경우에도 현실적으로 적용될 수 있다. 누군가는 양강도의 두 가정을 끝내 '내 이웃'이라고 생각하지 않을 것이다. 그럼에도 그들을 '내 이웃'이라고 받아들일 수 있는 사람을 더 많이 만드는 것, 그리고 양강도의 주민들을 향해 가벼운 연민이나 동정을 갖는 수준의 사람들에게 실천적인 도덕감을 심어주는 것은 중요하다. 예컨대 우리의 착한 이웃 30명으로부터 십만 원씩 모금할 수 있다면, 혹은 실천적 도덕감을 가진 3명으로부터 100만 원씩을 모을 수 있다면, 이 문제는 좀 더 수월하게 풀릴 수 있다. 결국 이를 위해선 건강한 시민의식이 작동하는 문화적 환경을 만들어가야 한다. 체계적인 세계시민 교육, 인권 교육의 중요성은 이 사안에서도 증명된다. '우리가 함께' 더 나은 책임적 공동체를 이룬다면 각자가 다소간 다른 수준의 인류애를 가졌다 할지라도 같은 방향의 도덕적 실천을 합의해갈 수 있을 것이다.

양강도의 두 가정을 돕는 결단은 이행치 않았을 때 불이익이 따르는 의무가 아니다. 다만 우리가 익히 아는 대로, 법과 제도의 차원보다 도덕과 윤리의 차원은 '인간다움의 최대한'을 실천하는 길이다. 개인이 개인에게, 개인이 공동체에게, 공동체가 공동체에게 세계시민주의자의 자질과 태도를 요청할 수 있는 정도로 한국사회의 의식 수준이 높아졌다고 믿는다. 이를 '발전'이라고 쓸 수 있다면 이 단어는 산업화·정보화 수준의 진보를 이야기할 때 언급되는 같은 단어보다 더 의미있는 말이 될 수도 있을 것이다.

9편의 다큐멘터리를 세계시민주의의 관점에서 성찰하는 중, '통일'의 방법과 과정에 대해 생각하지 않을 수 없었다. 사실 우리는 '평화통일'이라는 단어를 당위적으로 사용해 왔고 9편의 다큐멘터리는 그 단어의 무게를 좀 더 현실적으로 느끼게 했다. 북한 소재 다큐멘터리를 세계시민주의 가치로 살펴본 이유 중 가장 큰 부분도 통일에 대한 고민과 관련된다. '통일의 명분과 과정을 생각할 때, 또 통일 이후 예측되는 혼란을 떠올릴 때, 우리가 놓치지 말아야 할 지향점이 있을까'에 대한 대답. 어쩌면 이 책은 그 대답을 세계시민 사회로의 전환에서 찾아본 결과물이다. 여전히 해명되지 못한 논점들이 산재하지만, 분명히 말할 수 있는 건 '평화통일'이 하나의 사건으로 일순간에 도래하지 않으리란 사실이다. 지금 우리에겐 '평화'와 '통일'을 분리해서 보는 자세가 필요하다. 양자 중 먼저 실천되어야 할 것이 한반도 내에서의 '평화'이고 그 다음 단계에서 '통일'이 이뤄져야 한다. '평화통일'은 '평화'와 '통일'의 연대기적 구성인 것이다. 세부적으로 보면, 평화로 가기 위해서는 대결적 이념중심 체제에서 남북한이 모두 벗어나야 한다. '4.27 판문점 선언'이 반가운 것은 그 가능성이 현실화되고 있다는 신호로 왔기 때문이다. 그렇다면 이제 남북한은 공존의 가치규범을 찾아 나가는 노력에 나서야 할 것이다.

범죄, 혹은 느와르 영화에 나올 것 같은 한 장면을 상상해 보자. 철천지원수로 긴 세월을 지내오면서 앙숙 관계로 발전한 두 사람이 지금 서로 맞닥뜨린 상태에서 총을 겨누고 있다. 그 다음 장면은 대체로 다음 네 가지 상황 중 하나로 전개될 공산이 크다. 첫째, 두 사람이 거의 동시에 방아쇠를 당김으로써 두 명 모두 죽거나 죽음에 준하는 수준에 이를 수 있다. 둘째, 한 명이 죽거나 심각한 부상을 입고 다른 한 명은 경미한 부상을 입거나 총알을 피할 수 있다. 셋째, 같은 상황의 다른 판본으로 반대쪽 사람이 죽거나 심각한 부상을 입고, 남은 한 사람은 경미한 부상 또는 다치지 않을 수 있다. 넷째, 둘 다 경미한 부상을 입거나 전혀 다치지 않을 수도 있다. 이 경우 총기 고장이나 애초에 탄알이 없었던 경우, 혹은 예기치 않은 불발이 일어났거나 실제로는 방아쇠를 당기지 않은 경우를 가정해 볼 수도 있겠다.

'4.27 판문점 선언'으로 연내(2018년)에 종전선언을 하자고 합의를 했지만, 그 과정에 참여해야 할 미국과 중국이 어떤 입장으로 참여할지 궁금하다. 다만 순적하게 더 분명한 평화에의 길이 열리길 기도할 뿐이다. 위에서 예를 든 가상의 영화 장면처럼, 휴전상태의 한반도는 사실상 총을 겨누고 있는 대치 상태의 지속과 다르지 않았다. 그 시간이 길어지면서 긴장이 누그러진 경향이 있었지만, 언제든 상대가 총을 쏠 수 있다는 생각에 방아쇠에서 손가락을 뺄 수 있는 상황은 아니었다. 예컨대 그간 북한은 '선군정치' 기조를 유지하면서 핵무장과 미사일 개발이라는 자기만의 방식을 고수해 왔다. 한국은 굳건한 한미동맹 속에서 주한미군의 군사력을 등에 업는 방식으로 그에 대응해 왔다. 그런 맥락에서 보면 '4.27 판문점' 선언의 실효적 효과란 군사안보 분야에서의 실천으로 판가름 날 가능성이 크다.

다시 앞의 예를 상상해 보면, 총으로 대치해 온 두 사람 중 한 사람이 총을 내려놓고, 그 행위에 대한 응대로 다른 한 명도 총을 내려놓는 상황이 두 사람에게 가장 안전한 귀결일 것이다. 그러나 이는 상대에 대한 전적인 신뢰가 전제되었을 때 가능한 일이다. 실제로 영화에서도 상대에게 먼저 총을 내려놓으라고 윽박지를 뿐, 자기 자신이 먼저 총을 내려놓지 못하는 경우가 많다. 그렇다면 이제는 남북한과 긴밀한 이해관계에 놓인 주변국들과 대화와 합의 속에 방아쇠에서 손가락을 빼고 총구를 돌린 후, 총을 내려놓는 절차에 진지하게 동참해야 할 것이다. 이후 몸에 지닌 무기들도 합리적으로 줄이고 사격 연습에 들이던 시간과 공력의 일부도 더 발전적인 일에 쏟을 필요가 있다. 그 연장선에서 말하건대 남북한이 평화 정착 단계에 이르기 위해서는 국제사회와 함께 평화를 관리하려는 마인드가 필요하다. 이때 평화를 관리한다는 말은 긴장과 위험이 발생할 수 있는 확률을 최소화하고, 겹겹의 안전장치를 만든다는 말과도 다르지 않다.

유념할 건, 국제사회의 공조가 필수적이지만 남북한 관계 개선을 위한 실무적인 국면에서 남북한 스스로가 주체가 되어야 한다는 사실이다. 이는 주변 강대국들의 전략적 셈법에 한반도의 운명을 맡겨선 안 된다는 당연한 원칙에 근거한다. 이에 동의한다면 다시 세 가지 방향의 노력이 동시적으로 수반되어야 한다. 첫째는 정권 차원의 노력으로 이는 통일, 안보, 국방 등 평화정착에 직접적으로 관련되는 부처들의 일관된 대북 정책이 필요하다. 둘째는 외교라인을 통해 국제사회의 동의와 지지, 확인 과정을 거쳐 가야 한다. 특히 사안에 따라 이해관련국과의 협력 시스템을 안정적으로 구축해 가야 한다. 또한 다소 불안정한 상태로 유지되어 온 '6자 회담'과 같은 공론장을 순발력있게 활용할 수 있는 상태로 유지·관리해야 한다. APEC과 같은 지역단위 국제기구, UN과 같은 최상위 국제기구 등과도 긴밀한 협력관계를 유지해야 한다. 셋째는 NGO(Non Governmental Organization)로 통칭되는 국내외 다양한 시민단체 차원의 교류 채널을 확대해가야 한다. NGO 등을 통한 민간교류의 확대는 남북한 관계의 윤활제 역할을 수행하는 동시에 아래로부터 공동체 의식을 회복해가는 데 실질적인 힘이 될 수 있다. 특히 경제적 실리를 추구하지 않고 정치권력의 영향력으로부터 자율성을 갖는 공신력 높은 국내외 NGO의 활동은 중요하다. 시민사회의 정상적인 기능이 상당부분 소거되어 있는 북한의 변화를 유도하는 데 최선의 방법이 될 수 있기 때문이다.

이 책에서 영화와 더불어 고민한 세계시민주의의 원칙들은 북한과의 공존을 위한 가치규범으로 세공되어야 한다. 남북한이 결국 국제사회와의 대화와 협력, 연대 속에서 호혜적인 관계를 유지해 나가야 한다고 한다면 보편적인 세계시민주의의 내용에 대한 고민은 매우 중요하다. 그 과정에서 고려해야 할 것이 있다. 하나의 국가로 물리적 결합을 이뤄내는 것이 표면적인 의미의 '통일'이라면, 그 이전에 문화 공동체, 경제 공동체를 형성해가는 단계가 필수적이라는 생각 말이다. 세계시민주의의 원칙들은 바로 그 과도적 단계에서부터 적용되어야 할 것이다. 이는 통일의 기반이 형성되어 가는 상황에서 더 이상 일국주의, 애국주의, 민족주의 담론이 기형적으로 작동해서는 안 된다는 판단에 근거한다. 우리는 국민국가 건설의 구호 아래 끼어들기 쉬운 함정 중 하나가 배타성을 기반으로 한 내부 결속 정치 시스템이었다는 것을 기억해야 한다. 통일 한국이 세계시민 사회로의 전환을 꿈꾼다는 건, 강력한 주권 행사, 중앙 집중적 정치구조, 합리적 관료제 등을 신봉하지 않겠다는 선언을 전제한다.

이제 북한이 세계정세의 변화 속에서 어떤 입장을 취하고 있는지에 대해 좀 더 들여다보기로 한다. '4.27 판문점 선언' 이전의 북한은 예외적인 국가로 남길 스스로 고집해 왔다. 9편의 다큐멘터리 중 상당수는 그 예외성의 다른 면면을 전시하고 있다고 해도 과언이 아니다. 물론 문재인 대통령과 김정은 위원장이 만나기 이전에도, 북한사회가 '세계화'의 흐름을 계속 역행할 수는 없을 것이란 생각을 했었다. 이는 누구나 할 수 어쩌면 당연한 예측이다. 국가 간 상호의존성의 심화는 경제, 정치, 문화 등 거의 모든 개별 영역에 동시적으로 나타나는 일반 현상이지 않는가. 그 와중에 국경을 초월해 시민들의 생활양식이 동질화되면서 세계시민으로서의 자질과 책임감에 대한 의식이 확산되고 있었다. 이는 국제적 기준에 대한 위로부터의 합의 이전에 아래로부터 나타난 자연스러운 현상이다. 그 때문에 북한당국도 감시·검열·통제와 같은 부정적 통치 수단으로 시민들의 의식과 행동을 규제하는 건 쉽지 않았을 것이다.

물론 작금의 '세계화' 흐름이 반드시 발전적인 결과만을 보장하는 것은 아니다. 미국을 비롯한 선진국이 주도하는 경제질서와 다국적 기업의 문화자본에 의해 지역 단위의 정체성이 훼손되고 있다는 비판론도 나름대로 근거를 갖는다. 그러나 일국적 독자성, 지정학적 특수성을 강조하며 보편적 국제질서에서 스스로 열외 되는 건 최선의 선택이 아닐 수 있다. 그 연장선에서 보건대, 이제 개별 국가의 존재 방식은 중단기적으로 다음과 같은 스펙트럼으로 분화되리라 판단된다. 첫째, 초국가적 정체성을 수렴해가면서 탈근대 국가로 나아가는 나라, 둘째, 근대 국민국가의 안전한 틀에 안주하면서 방어적으로 변화를 뒤쫓는 나라, 셋째, 근대로의 이행을 목표로 과도적 혼란과 싸우는 나라가 바로 그것이다. 이러한 분류는 국제사회의 보편 상식과 유리되어 전근대적 폐쇄국가 체제를 유지하는 나라는 설 자리가 없을 것이란 말과 같다. 어쩌면 김정은은 그러한 예측 속에서 판문점을 넘어온 것인지도 모른다.

앞에서 분류한 근미래 국가의 존재방식을 따를 때, 한국의 경우 첫 번째와 두 번째 사례 사이에 위치해 있다고 판단된다. 한편 북한의 내부적 구호는 두 번째 국가유형을 지향하는 듯하지만, 실제의 북한은 세 번째 유형에도 이르지 못한 전근대적 성격을 드러낸다. 물론 남북한은 민족국라라는 자부심이 강하다는 점에서, 또 '단일 민족국가' 담론을 지향한다는 점에서 근대 국민국가를 추구해 온 공통점이 있다. 사실상 한반도에서 '국민국가 수립'과 '민족국가 선취'는 거의 동일한 개념으로 인식되어 왔다고 말해도 틀리지 않다. 그러한 인식은 20세기 초에 일제강점기를 경험하고 20세기 중반에 한국전쟁, 분단고착화의 수순을 함께 밟으면서 획득된 것이다. 그 연장선에서 보면 아이러니하게도 남북한은 통일의 필요성에 대한 논리 면에서나, 정서적 동의체계 구축의 측면에서도 유사한 점이 많다. 전혀 다른 절차와 방식을 상상하고 있겠지만, 남북한이 '한반도', '한민족' 전체에 규제력을 갖는 단일하고 독립적인 주권을 선취하려 하는 배경도 닮은 데가 있는 것이다.

그러나 남한을 따로 떼놓고 보면 우리는 국제사회 내 지구정치의 네트워크성이 강화되어가는 상황에 다각도로 편승하고 있다. 예를 들어 한국은 정치, 경제, 사회, 문화, 예술 등의 분야에서, 또한 각 분야의 세부 층위에서 다종다기한 시민단체, 이익집단 등이 제 목소리를 내고 있다. 흥미로운 것은, 각 분야 모두 국제사회를 향해 개방된 채 인적·물적 교류를 해나가고 있다는 사실이다. 그 결과로 구축된 국제적 네트워크는 국내 정치에 곧바로 영향을 미친다. 국외 NGO들도 초국가적 수준의 유대 혹은 연대를 꾀하며 한국사회의 하위정치망을 재편하는 데 일조하고 있다. '탈근대국가'라는 개념이 방대한 의미망을 가지지만, 작금의 현상만 놓고 보더라도 한국은 초국가적 정체성을 포용해갈 수밖에 없는 입장에 놓여 있는 것이다. 실제로 한국 사회 전체를 통괄하는 정치권력의 힘은 이미 약화되었고 그 정도는 심해질 것이다. 한국은 균질적인 의식 공동체로서 근대 국민국가의 형태를 점점 초과[92]해가고 있는 셈이다.

그에 반해 북한은 '조선민주주의인민공화국'이라는 정식 국가 명칭에 암시되어 있듯이 근대 국민국가 체제를 지향하는 듯하지만, 실제에 있어서는 그와 큰 간격을 갖는다. 일단 주권의 원천이 국민으로 이양되지 않은 독특한 군주국가에 가깝다고 할 수 있다. 근대 국민국가의 기본적인 통치방식인 헌법에 근거한 의회정치 등이 정상적으로 정착되지 않은 나라이기도 하다. 그 때문에 외부의 시선에서 보면, 독재자를 정점으로 하는 반인권적인 통치 구조가 뚜렷하게 확인됨에도 불구하고 내부에선 그 문제성에 대한 공론화 과정이 생략된다. 정치적 결함을 견제할 내부의 다른 수단이 존재하지 않는 것이다.

여러 영화를 통해 이미 검토한 것처럼 이러한 북한의 전근대성은 통치담론에 가까운 '우리 민족'에 대한 지향에서 찾을 수 있다.

92. 이와 관련해 전재성은 다음과 같은 설명을 덧붙인 바 있다. "국가 내부의 행위자들의 수적 증가, 정치적 힘의 증가, 상호 간의 작용 내용의 증가 등의 요소가 두드러지면서 국가의 네트워크적 관계 속성이 증가하고 있다. 국가는 내부 행위자들의 관계 과정으로 이루어지는, 끊임없는 변화와 흐름의 담지자로 이해된다. 국가 간, 혹은 국가의 영토를 꿰뚫고 흐르는 비국가행위자들의 상호작용은 국가를 외부적 네트워크 흐름의 한 노드로 이해하게 한다." 전재성, 앞의 논문, p.98.

그 안에 폐쇄적 고립을 자초하는 배타적 폭력성이 내재되어 있기 때문이다. 북한당국이 종교적 세뇌에 가까운 사상교육을 성공적으로 이어갈 수 있다면 국제사회의 승인을 받기 힘든 현재의 정치질서를 당분간 끌고 갈 수 있을 것이다. 만약 그렇게 되면, 북한주민들은 전근대적 폐쇄국가에 가까운 일국적 민족국가 형태를 당연한 것으로 받아들이며 살게 될 것이다. 국제적 상식에서 동떨어진 북한 체제의 자위적 우월성 담론도 일정 기간 살아남을 것이다. 그러나 확실히 말할 수 있는 것은, 근대 국민국가의 형태와 견주어서도 '미달'에 해당하는 북한이 국제사회의 일원으로 책임적 주체가 되긴 어렵다는 사실이다. '4.27 판문점 선언'이 김정은의 정직한 자기 성찰의 결과라면, 북한의 정치질서가 전근대 단계에서 흔하게 발견되는 통치 시스템의 특수한 변용에 불과하다는 것을 알아야 하는 것이다.

남북한이 세계시민사회로의 이행을 준비해간다고 한다면, 이제 북한 사회 내에서 왜곡된 민족주의의 정치화를 막는 것은 가장 중요한 사안 중 하나다. 울리히 벡은 민족주의를 기반으로 하는 국민국가에 내재된 위험요인을 지적한 바 있다. 그들이 가지고 있는 근대성으로 인해 도덕적·정치적·기술적 재난이 초래될 수 있다는 것이다. 북한은 그보다 더 일국적 가치체계에 침윤되어 있는 바, 전근대적 수준의 인권(도덕), 우리식 민주주의라는 미명 하에 강화되어 온 전일적 지배시스템(정치), 주체적 자립을 내세워 개발된 핵무기, 미사일(기술) 등에서 보듯이 왜곡된 민족주의의 정치화를 확대해온 이력이 있다. 우린 벡이 컬마스의 견해를 인용하여 한 말에 귀를 기울여야 한다. 그는 그러한 일국적 가치체계에서 초래될 수 있는 재난이 왜곡된 민족주의를 추구하는 해당 국가에 한정되지 않는다고 주장한다. 오늘날과 같은 시대에는 국가의 경계를 월담해 전 인류의 위협으로 확산될 수 있다는 것이다. 아마도 북한은 벡의 우려에 가장 적확한 사례라고 할 수 있다. 20세기 초반에 그 엄청난 세계 대전이 발생한 근본 원인도 일국적 정통성에 향수를 느끼는 자들이 힘을 가지면서 부터다.[93] 그렇다면 북한은 국제사회가 감당해야 할 가장 오래된 숙제 같은 존재인지도 모른다.

내용과 정도는 각기 상이하지만, 이 책에서 다룬 9편의 다큐멘터리는 북한 사회의 면면이 국제사회의 보편성으로부터 얼마나 동떨어져 있는지를 반사하는 다른 형태의 거울들이라고 생각된다. 때때로 동어반복에 가까운 결론에 이를 수밖에 없었던 점은 이해를 구한다. 다시 말하지만 국제 정치 무대를 바라보면, 자기 통괄적 시스템을 갖춘 근대 국민국가들이 커다란 변화에 직면하

93. 울리히 벡, 앞의 책, 354-355쪽.

고 있음을 알게 된다. 소위 선진국으로 불리는 나라들은 자의든, 타의든 민주주의의 세계시민적 개방을 하지 않을 수 없는 상황이다. 선진국이 아니라하더라도 세계화의 흐름에 올라탄 대다수의 국가들은 통제하기 힘든 다양한 내부 변인을 감당해야 한다.

추측에 불과하지만, 핵 폐기를 협상테이블에 올린 후 국제사회의 인정과 원조를 요청하는 김정은의 머릿속에도 그러한 현실판단이 담겨있는 것처럼 보인다. 북한이 세계화의 흐름을 지금처럼 역행하려면 더 치밀한 통제·감시·검열 등을 통해 권위주의 정치 시스템을 한층 더 강화할 수밖에 없다. 그런데 그것은 사실상 불가능하거나 성공한다고 하더라도 단기적 자구책이 될 공산이 크다. 그렇다면 '4.27 판문점 선언'은 그 현실적이지 않은 싸움을 내외적으로 더 이상 확대하지 않겠다는 입장과도 같다. 순조롭게 선언문의 내용이 실천된다면 이제 북한은 국제사회의 상식에 접근해가기 위해 점진적인 체제 개방에 나설 것이다. 그러한 전망에 비춰 보면 9편의 다큐멘터리들은 북한이 개선·개방·개혁해야 할 우선 과제들을 일러주는 참고서와 다르지 않다.

예컨대 <천리마 축구단> 속 인물들에게선 일상의 병영화가 낳은 전투적 사고관을 읽을 수 있었다. <요덕 스토리>와 <김정일리아>에서는 북한 당국이 신적 질서를 어떻게 제도화하는지, 그 과정에서 반인권과 반인륜의 악습이 어떻게 유지되는지를 확인할 수 있었다. 이는 물리적 결합으로서 통일 자체가 중요한 것이 아님을 보여준다. 남북한의 '차이'들을 좁혀가는 일, 때론 대화의 폭을 넓히기 위해 전략적으로 '차이'를 용인해가는 일이 시급하다는 것을 역설한다. 남북한이 지금 당장 유념해야 할 것은, 평화공존 혹은 평화번영의 공동체를 만들어가는 과정과 그 절차에 대한 고민이다.

세계시민주의의 가치가 유의미한 이유는 이 지점에서도 도출된다. 세계시민주의는 '차이'를 좁히거나 용인하는 과정에서 남북한이 서로 합의해갈 수 있는 '외부적 기준'이 될 수 있기 때문이다. 남북한이 내부 정치 논리에 따라 상대와의 대화에 나선다면 서로의 견고한 '차이'들을 오히려 강화할지도 모른다. 그 때문에 국제질서를 재편해가는 합리적 틀 안에서, 세계인의 보편적인 가치규범 안에서 평화적 공동체를 만들어가는 과정에 골몰할 필요가 있다. 그에 대한 한 가지 방법론을 구체적으로 제안해 보면, 비정치 영역에서 지속될 수 있는 대북 NGO 활동을 다각적으로 장려해가는 것이다. 새로운 주장은 아니지만, 이는 화해 국면으로 접어든 남북한 관계를 빠른 속도로 개선해가는 데 일정한 기여를 할 수 있을 것이다. 특히 초국적 NGO들의 영향력이 확대되면, 남북한의 대내외적 이해관계와 상관없이 북한의 개혁·개방이 가속화될 수 있을 것이다.

그러한 전망은 한국에서 활동 중인 초국적 NGO를 통해 미리 짐작해 볼 수 있다. 실제로 정치, 경제, 문화, 군사 등 다양한 하위 분야에서 한국은 그들의 건강한 영향력에 수혜를 입고 있다. 국경 밖 행위자들과의 상호교류는 앞으로 더 늘어날 것이다. 큰 그림으로 조망해 보면, 비정치적인 NGO들의 초국적 활동은 정치적·문화적으로 차이를 갖는 공동체들로 하여금 서로에 대한 포용과 공존의 규범을 자발적으로 만들게 한다. 그들 중 상당수는 세계 보편의 인류애적 가치를 '자연스럽게' 생산하고 확산하는 역할을 부차적으로 수행하는 것이다.

그 때문에 북한사회로의 진입이 상대적으로 쉬운 국제적 민간기구들과 협력하면서 아래로부터 북한이 변화해갈 수 있는 길을 모색해가는 작업이 필요하다. 물론 대결적 이념중심 국가로 굳어져 온 북한이 순식간에 바뀌기란 쉽지 않다. <푸른 눈의 평양시민>에서 보았듯이 북한사회는 내부 구성원을 전쟁물자로 인식하거나 선전·선동의 도구로 활용가치를 찾는 데 익숙하다. <북한을 가다>가 묘사하고 있는 '언제든 친구가 될 수 있는 북한 사회'는 아직까지 현실적이지 않다고 보는게 옳다. <나는 선무다>를 통해 실감할 수 있었듯이 북한당국은 개인에 귀속되어야 할 사상과 표현의 자유도 철저하게 관리해 왔다. 심지어 '관리'의 구속력은 국경 밖의 상황에까지 이른다. 그 정도로 탈국가적 시민성, 보편적

인권이 부정되어 온 북한이라면 한국과 한국의 동맹국들이 공식적인 방식으로, 또 정치적 수단을 물리적으로, 혹은 빠른 시간 내에 그들을 바꾸긴 어려워 보인다. '4.27 판문점 선언' 이후의 상황이 어떻게 전개될지 예측할 수는 없지만, 비정치적 NGO의 활동을 넓혀갈 수 있는 방안을 모색하는 것은 상대적으로 쉽고, 시급한 일일 수 있다.

다만 초국적 NGO 활동의 실효성을 높이기 위해 북한을 상대하는 과정에서 원칙을 공유해야 한다는 점을 말하고자 한다. 한국정부는 북한을 상대하는 국내외 NGO 단체들의 자율적 활동을 최대한 보장하고 지원하되 원칙의 중요성을 공유시킬 필요가 있다. 그렇다면, 이때의 '원칙'이란 무엇인가. 이를 경험적 사례로 확인하기 위해 '국경없는 의사회(Medecins Sans Frontieres)'의 대북활동에 주목해보도록 하겠다. 1971년에 세워진 국경없는 의사회는 지역과 국가, 이념과 종교, 인종과 정치 성향의 틀에 얽매이지 않고 전쟁과 기아, 질병, 재해 등이 있는 곳에서 초국적으로 활동해 왔다. 세계 각지에 지부가 있으며 세계시민 가치에 부합하는 보편적 의료 윤리와 인도주의적 구호 원칙을 지켜 왔다고 할 수 있다. 개별 국가의 정치적·경제적 영향력으로부터 독립하여 활동하기 위한 노력도 기울여 왔다. 또 파견 지역 내 세력 간 역사적 앙금이나 종교적 차이를 무시하진 않되 '인류애에 기초한 의료 지원'이라는 기본에 충실해 왔다고 할 수 있다. 내부 구성원들에겐 위험지역이나 위험발생 예상 지역에서의 활동이 많은 만큼 자발성과 책임성이 강조되어 왔다. 그 결과 1999년에는 노벨 평화상을 수상하면서 국제사회에 기여한 공로를 인정받기도 했다.

그들의 북한과의 접촉 과정을 본격적으로 살펴보자. 1995년 극심한 식량난에 시달리던 북한은 대홍수로 인해 더욱 심각한 위기를 겪게 된다. 그때 유럽연합은 북한에 63만 달러를 지원했으며 유엔 산하 세계식량계획(WFP)를 비롯하여 여러 유엔 구호기구들의 현실적인 도움도 이어진다. 이때 비영리 의료 자선단체 자격으로 국경없는의사회도 북한 땅에 들어간다. 그러나 굶주림과 전염병에 시달리는 주민들을 향해 실질적인 원조를 계획했던 국경없는의사회는 북한당국의 비상식적 행태를 맞닥뜨리게 된다. 이를테면 북한당국은 죽어가는 주민들을 수단 삼아 식량과 구호품, 의약품 등을 원조 받되 그 품목들을 불투명하게 관리하기 시작한다. 더 정확히 말하면, 북한 주민들에게 응당 돌아가야 할 쌀, 석유와 등을 편취한다는 정황이 포착된다. 그래서 1998년, 국경없는의사회는 북한으로부터의 철수를 단행하고, 북한은 국제사회의 인도적 지원마저 악용하는 국가로 낙인찍히고 만다.

이 사건은 북한과의 소통 과정에서 그들의 전향적 변화를 요청하기보다 우리의 접근 방식을 전환하는 게 수월할 수 있다는 점을 주지시킨다. NGO들의 선의에 입각한 대북 지원 절차에 일정 한 원칙이 필요하단 사실도 확인시킨다. 이제 NGO들은 북한에 대한 식량이나 구호품 등을 보내는 선에서 인도주의적 지원을 다 했다고 생각해선 안 된다. 처음부터 분배 과정의 투명성을 의식해야 하는 것이다. 이를테면, 북한에 심각한 자연재해나 식량난이 발생한 경우 NGO들은 문제가 발생한 지역을 직접 방문해 피해주민들의 상황을 직접 사전 조사할 필요가 있다. 또 실효적이고 안정적인 지원을 위해선 현금보다는 현물을 지원해야 한다. 필요 지원품의 항목과 규모는 직접 조사 후에 결정하고, 실제 지원 이후에도 분배 과정을 감시할 수 있어야 한다. 이는 지원품 혹은 구호물자가 북한군이나 장마당으로 빠져나가지 않도록 외부 기관이 직접 관리해야 함을 의미한다. 또한 외부 기관의 감시인력이 현장을 떠날 시, 북한군이 지원품 등을 회수할 수 있는 상황에 대비해서 피해주민들이 해당 물품 등을 직접 사용하고 소비하는 과정까지 확인해야 한다. 이러한 원칙은 국경없는의사회와 성격이 비슷한 NGO들에 한해 실효적일 수 있다. 중요한 것은, 초국적 NGO들이 북한에 들어갈 때, 자율성과 독립성을 확보할 수 있는 장치를 절차적으로 정교하게 마련해야 한다는 사실이다. 그러했을 때 북한 주민들이 초국가적 정체성과 보편 인권에 연결되는 상황이 조성될 수 있을 것이다.

마지막으로 몇몇 영화의 내용을 경유해 북한의 정치시스템에 직접적인 변화를 초래할 수 있는 외부적 개입의 여지에 대해 성찰해보고자 한다. 이는 더 어렵고 복잡한 방정식으로 비유될 수 있다. 북한은 김정은이 정점에 있는 노동당 정권이 입법, 사법, 행정의 3권을 쥐고 흔드는 경찰국가의 특성을 보인다. 북한에도 법이 없는 것은 아니지만, 제한적으로 기능하는 법 자체가 이데올로기적 성격을 강하게 드러내는데다가 정권의 의지 아래에서 무력하게 존재할 뿐이다. <디어 평양>과 <평양 연서>의 주인공들이 북한당국의 의지에 자기 인생을 저당잡힌 배경도 이와 관련된다. 그에 따라 영화제작 과정이 곧 조작 과정이었던 <태양 아래>의 낯선 장면들에서 보듯이 기존의 북한은 세계적 민족주의가 불가능한 국가처럼 비친다.

한국이 국제사회와의 협력을 통해 정치적·공식적으로 문제제기해 가야 부분 중 하나가 그로부터 도출되는 바, 우선적으로 사법권 행사 과정의 합리성 확보가 시급해 보인다. 북한 주민들의 기본적인 인권 문제를 가장 명징하게 풀어낼 수 있는 길도 그로부터 시작될 수 있다. 외관상 북한에도 사법기관이 존재한다. 한국처럼 검사는 공소를 하고 변호사는 범죄자를 변호하며 판사는 이에 대해 판결을 한다. 그러나 이러한 절차를 행하는 재판소와 검찰소 등 사법 기관이 노동당의 사법정책을 집행하는 수단에 불과하다. 사회주의 이념에 따라 말하면 그들이 '프롤레타리아 독재의 강력한 무기'로 기능하는 이상, 북한에서는 3권 분립이 불가능한 것이다. 절차적으로 보면 최고인민회의에서 재판소와 검찰소 모두를 구성하기 때문에 이들이 독재를 실천하는 하부기관에 머물 수 있는 여지가 있다.[94] <요덕 스토리>, <김정일리아> 속 인터뷰이들이 경험한 비극도 제도적으로 용인된 폭력에 가깝다. 북한의 사법체계가 국제사회를 향해 개방되어야 한다는 말은 매우 절박한 의미를 지니는 것이다.

우리는 '4.27 판문점 선언'이 엎어지는 상황에 봉착하더라도 북한과의 관계를 완전히 단절할 수는 없다. 북한과의 이해관계가 긴밀하지 않은 대다수의 나라들처럼 북한을 성가신 불량국가로 취급하며 최대한 접촉을 피하고 거리를 유지하는 노선을 택할 수 없다. 문제는 북한으로부터 큰 위협이 발생할수록, 그러니까 북한 내부 상황에 개입해야 할 필요성이 커질수록 이를 실천할 방법이 축소된다는 사실이다. 이 딜레마 앞에서 우린 하버마스가 강조한 지역공동체의 역할과 UN의 권한, 지구적 헌법의 기능을 다시 생각해 볼 필요가 있다.

94. 오일환, 정순원, 『김정일 시대의 북한 정치 경제』, 을유문화사, 1999, 368쪽.

> 하버마스는 전 지구적 차원에서는 기존의 UN을 강화하면서 현존하는 국제법에 지구적 헌법의 위상을 부과하고 국제적 협조를 통해 전쟁, 인권 침해, 환경 파괴와 같이 전 인류적으로 시급한 과제에 대응하는 것이 더욱 현실적이면서도 바람직한 대안이라고 주장하고 있다. 한편으론 유럽연합과 같이 개별 국가 단위 민주주의의 지원을 받는 형태의 지역공동체들이 공존하면서 전 지구적 단위에서는 국제법에 입각해 시급한 지구적 과제들에 대응할 필요가 있다는 것이다.[95]

지금까지 9편의 다큐멘터리를 통해 국제사회의 바람직한 일원으로 북한이 전환될 수 있을 것인가에 관한 가능성을 타진해 보았다. 글을 마무리하는 시점에 돌아보건대, 가능성보다 한계를 더 많이 읽어낸 것 같아 마음이 무겁다. 어쩌면 이 책은 북한 소재 영화 속에 등장한 인물들, 그들이 증언하는 북한사회의 면면을 비판적으로 성찰하며 북한의 현재가 세계시민주의의 이상과 어떤 '차이'와 '거리'를 가지는지에 집중한 결과물이다. '4.27 판문점 선언' 이후의 상황을 현실적으로 낙관하기 위해 기존에 축적되어 온 난관들을 점검해보자는 제안이기도 하다. 사실상 남한은 북한정권이 어떤 선택과 행동을 하든, 그에 대한 일말의 책임감을 가져야 한다. 이는 정부차원의 대책과 반성을 강조하기 위한 말이 아니다. 외국 감독들이 만든 영화가 차마 다 말하지 못하고 행간에

95. 김원식, 앞의 책, 226-227쪽.

감춘 메시지까지 고려하면 이 책을 사이에 둔 우리 모두가 스스로를 돌아볼 필요가 있다. 그리고 밖을 향하던 질문을 안으로 돌릴 필요가 있다. '그렇다면 우리는 세계시민인가?', '진정 나는 세계시민인가?'

05
에필로그

에필로그

벌써 오래 전 일이 되었지만, 새터민 청년을 소개로 만나 그의 대학진학을 도운 적 있다. 논술공부를 도와줄 목적으로 만났지만, 한국에 온 지 얼마 되지 않은 20대 초반 청년의 호기심과 궁금증은 매우 다양했다. 그와의 경험을 일반화하는 건 논리적으로 오류이지만, 당시 받은 인상 중 하나는 북한 청년에게도 남북한이 '하나의 민족'이라는 인식이 약해져 있다는 것이었다. 일국적 민족주의의 향수를 자극하는 구호로 충만한 북한에서 자란 청년도 그러할 진대, 한국의 미래 세대는 그러한 경향이 더욱 강하지 않을까 생각해본다. 이를테면, 기술적으로 우린 초고속 인터넷망 등을 통해 전세계인과 소통하는 문화에 이미 익숙해져 있다. 사회적으로 외국인과 소통할 기회도 늘어났으며 그에 따라 영어 이외의 외국어 학습에 대한 요청도 보편화되었다. 관광목적의 외국 방문뿐만 아니라 특수한 목적으로 외국에서 거주하는 이들도 늘어났다. 외국인과의 혼인도 과거처럼 낯선 일이 아니다.

그 때문에 통일에 대한 의지는 향후 점점 약화될지도 모른다.

지금까지 통일의 가장 큰 명분은 매우 단순했다. '하나의 민족이니까 원래대로 하나의 국가여야 하지 않을까'라는 생각이 통일론의 기초였다. 물론 아직 생존해 있는 이산가족 1세대를 의식할 때에는 그 소박한 논리가 매우 당위적인 것으로 비약했다. 그러나 하나의 민족이라는 정체성이 희석되는 상황에서 통일의 이유는 다른 차원에서 '개발'될 필요가 있다. 여기에 세계적 민족주의 개념은 남북한 주민들의 의식적 통일을 상상할 때, 유의미한 방향성을 제공한다. 남북한이 호혜적인 공존을 도모하는 단계, 곧 문화적 공동체·경제적 공동체를 만들어가는 과정에서 우린 일국적 민족주의에 대한 향수를 일정부분 전환해야 한다. 지금 북한 사회에서 벌어지고 있는 비극 중 상당수도 일국적 민족주의를 극단적으로 추구하면서 나타난 결과이지 않는가.

외국 감독들이 만든 북한 소재 다큐멘터리가 우리에게 남긴 교훈은 그러한 목표를 위해 우리가 북한을 '어떻게' 이해하고 접근할 것인가와 관련된다. 정책적 대안을 마련하는 일은 개인적인 역량을 벗어나는 작업이다. 다만 이 책이 북한사회 스스로 세계시민적 개방 상태를 향해 가는 길이 얼마나 지난할 것인가를 환기시킬 수 있었으면 좋겠다. 그럼에도 불구하고 그 목표에 다가갈 수 있도록 우리가 책임적 주체로 거듭나야 한다는 각오가 공유되었으면 좋겠다. 이 글의 역할과 의의는 거기까지이다.

'4.27 판문점 선언'이 북미정상회담의 성공으로 열매 맺을 수 있을지 심히 기대된다. 그럼에도 마음 한구석에는 북한주민들의 의식을 지배하고 있는 이념 질서가 합리적으로 정리될지 걱정이 앞선다. 남북한 주민들이 세계시민주의에 입각한 자율적 인간상을 평화롭게 지향해갈 수 있을지 확신이 서지 않는다. <푸른 눈의 평양시민>의 주인공 드레스녹과 <천리마 축구단>의 축구 영웅들의 시선과 태도를 상기할 때, 그러한 불안은 일정한 근거를 갖는다. 그러나 <디어 평양>을 연출한 양영희 감독의 아버지를 떠올리고 싶다. 평생을 충성스러운 조총련 간부로 살아온 그조차도 변화의 가능성을 내비지치 않았던가. 그래서 우린 <태양 아래>의 마지막 씬을 좀 더 진중하게 들여다봐야 한다. 북한당국의 조작적 연출을 충실히 따라 온 소녀 진미의 눈물은 거대한 절망만을 말하는 게 아니다.

그간 동아시아는 국가 간 견제와 통합이 동시적으로 진행되어 왔다. 느리지만 점진적으로 서로에 대한 실질 영향력이 확대되어 왔다고도 판단된다. 그 중 북한은 오래 전부터 예기치 않은 긴장을 불러일으키는 최대 변수로 존재해 왔다. 역설적인 말이지만, 북한으로 인해 동아시아의 공론장은 자주 뜨거워졌고, 우린 서로의 입장을 예민하게 이해하거나 오해해 왔다. 지금부터 일정 기간, 어쩔 수없이 동아시아 각국이 서로의 표정을 살펴야 할 텐데, 부디 오해보다도 이해에 이를 수 있길 기대한다.

북한의 돌발행동과 그에 대한 한국의 리액션을 두고 동아시아를 넘어 세계 여러 나라의 목소리도 충돌할 것이다. 당장 미국의 입장이 중국과 대척될 것이 확실시 된다. 북한에 대한 다른 태도를 보일 미국, 중국과 어떻게 연결되어 있느냐에 따라 다른 주변 국가들의 해석도 엇갈릴 것이다. 분명한 위기이지만, 바로 이 순간이 다자간 공조를 통해 새로운 지역적 틀의 구성과 결집을 만들어가야 할 기회이기도 하다.

해외 다큐멘터리 작품들을 통해 '북한을 읽는 제3의 눈'을 읽어보겠다는 최초의 기획은 단순한 지적 호기심에 기인한 바가 크다. 그러나 영화 속 장면들에 오래 머무는 중 통일한국으로 가는 과정에 무관심했던 과거의 나와 진지한 대화를 할 수 있었다. 세계시민주의 개념과 가치에 대한 기존의 공부가 영화에서 묘사된 북한 주민들의 일상으로 옮겨지는 순간, 앎과 삶 사이의 먼 간격에서 내가 얼마나 무책임한 존재인지 생각해볼 수 있었다. 이 책은 계몽의 의지를 갖고 기술된 결과물이 아니다. 다만 타자(외국인 감독들)의 시선에 담긴 북한의 '타자성'이 우리가 세계시민으로 거듭나야 하는 이유를 웅변할 수 있었으면 좋겠다.

참고문헌

■ 단행본

가야트리 스피박 외, 태혜숙 역, 『서발턴은 말할 수 있는가?』, 그린비, 2013.

김원식, 『하버마스 읽기』, 세창출판사, 2015.

데릭 히터, 김해성 역, 『시민교육의 역사』, 한울아카데미, 2007.

안숭범, 『2000년대 이후 북한 소재 다큐멘터리를 통해 본 '방법론적 세계시민주의'의 실현 가능성- 한국, 제3세계 연출작 간의 비교를 통해』, 경제인문사회연구회, 2016.

레스젝 콜라코프스키, 임지현 편역, 「마르크스주의 철학과 민족의 실체」, 『민족문제와 마르크스주의자들』, 한겨레출판사, 1986.

롤랑 바르트, 김웅권 역, 『밝은 방- 사진에 관한 노트』, 동문선, 2006.

루이 알뛰세르, 이진수 역, 「이데올로기와 이데올로기적 국가 장치」, 『레닌과 철학』, 백의, 1991.

빌 니콜스, 이선화 역, 『다큐멘터리 입문』, 한울아카데미, 2012.

앤서니, 기든스, 한상진·박찬욱 역, 『제3의 길』, 생각의 나무, 1999.

에르하르트 욘, 임홍배 역, 『마르크스레닌주의 미학입문』, 사계절, 1989.

오일환, 정순원, 『김정일 시대의 북한 정치 경제』, 을유문화사, 1999.

울리히 벡, 홍성태 역, 『위험사회』, 새물결, 2006.

울리히 벡, 홍찬숙 역, 『세계화 시대의 권력과 대항권력』, 길, 2011.

이종석, 『북한의 역사 2』, 역사비평사, 2011.

콰메 앤터니 애피아, 실천철학연구회 역,『세계시민주의』, 바이북스, 2009.

크리스토프 멩케, 아른트 폴만, 정미라·주정립 역, 『인권 철학 입문』, 21세기북스, 2012.

한나 아렌트, 김선욱 역, 『예루살렘의 아이히만』, 한길사, 2006.

한나 아렌트, 이진우·박미애 역, 『전체주의의 기원 1』, 한길사, 2011.

호미 바바, 나병철 역, 『문화의 위치』, 소명출판사, 2016.

A. Silverman, Holywood Gazing, New York: Routledge 2001.

Derek Heater, World Citizenship and Government: Cosmopolitan Ideas in the History of Western Political Thought, Macmillan Press, 1996.

Habermas, Bestialität und Humanität: Ein Krieg an der Grenze zwischen Recht und Moral, in: Merkel & Reinhard (Hg.), Der Kosovo-Krieg und das Völkerrecht, 2000.

Immanual Kant, Zum ewigen Friden, Frankfurt a. M. 1997.

■ 논문

라지브 나라안, 「북한 정치범수용소에서의 인권침해 현황」, 『통일연구원 학술회의 총서』 제12권 제2호, 통일연구원, 2012.

박순성, 「한반도 통일과 민족, 국민국가, 시민사회」, 『북한연구학회보』 제14권 제2호, 북한연구학회, 2010.

양해림, 「세계시민주의와 세계시민권- 하버마스의 논의를 중심으로」, 『동서철학연구』 제74호, 한국동서철학회, 2014.12.

이금순, 「북한 정치범수용소의 인권 상황」, 『통일연구원 학술회의 총서』 제13권 제1호, 통일연구원, 2013.

이무철, 「북한 인권문제와 '인도적 개입'- 주요 쟁점과 비판적 평가」, 『통일문제연구』 53호, 평화문제연구소, 2010.6.

이미경, 「1950-60년대 북한·중국·소련 삼각관계의 형성과 균열」, 『중소연구』, 한양대학교 아태지역연구센터, 2002.

이영희·정인경, 「지구적 숙의 거버넌스'로서 유엔기후변화협상에 관한 세계시민회의」, 『과학기술학연구』 15권 2호, 한국과학기술학회, 2015.12.

전재성, 「한반도 통일에 관한 이론적 고찰」, 『통일과 평화』 창간호, 서울대학교 통일평화연구원, 2009.

조효제, 「인권 패러다임 이론과 북한 인권 문제」, 『다문화사회연구』 제9권 제2호, 숙명여자대학교 다문화통합연구소, 2016.8.

최연식, 임유진, 「정치시민, 세계시민, 그리고 군자시민」, 『사회사상과 문화』 19권 2호, 동양사회사상학회, 2016.6.

허만호, 「국제인권법을 기준으로 바라본 북한의 정치범 수용소」, 『사회과학 담론과 정책』 제4권 제1호, 경북대학교 사회과학연구원, 2011.4.

홍찬숙, 「세계사회, 지구화, 세계시민주의 사회학- 루만, 기든스, 벡의 세계화 관련 논의 비교」, 『한국사회학』 50권 4호, 한국사회학회, 2016.8.

■ 기사, 평문 및 기타

김영진, 「공존이란 열망이 있는 그대로」, 『씨네21』 no.794, 2011.3.

김지연, 「'남북미생' 조성형 "통일될 때까지 분단문제 다큐 만들 것"」, 『연합뉴스』, 2015.9.19.

송원영, 「울리히 벡 "숭례문 화재 등 한국사회 잠재된 '위험' 보여줘"」, 『세계일보』, 2008.4.1.

홍덕화, 「<인터뷰> '요덕스토리' 다큐 제작 波 피딕 감독」, 『연합뉴스』, 2011.5.15.

DailyNK, 「북한 '당의 유일사상체계 확립의 10대 원칙' 전문」, 『DAILY NK』., 2013.8.9. (https://www.dailynk.com)

찾아보기

■ 인명, 작품명

■ 개념어

안숭범

경희대학교 국어국문학과 교수. 영화평론가. 시인. 문화콘텐츠 스토리텔링 연구자로 활동하면서 경기문화재단 언론홍보위원, 서울시 스토리텔링 자문위원을 역임했다. 국제영화비평가연맹 한국본부 사무총장, 한국영화평론가협회 출판이사로 일한 적 있다. 부산국제영화제 국제비평가연맹상 심사위원, EBS <시네마천국>진행자로도 알려져 있다. 현재 <르몽드 디플로마티크>에 정기적으로 영화비평을 쓰면서 인문적 가치를 갖는 이야기콘텐츠 기획 및 비평에 매진 중이다.

저서

『SF, 포스트휴먼, 오토피아』, 『영화로 읽기, 영화로 쓰기』(공저), 시집 『무한으로 가는 순간들』, 『티티카카의 석양』, 콜라보레이션 아트북 『당신의 얼굴』(공저) 등

북한을 읽는 해외
다큐멘터리의 시선들

초판 1쇄 발행 _ 2018년 8월 30일

저　　자 • 안숭범
발 행 인 • 정현걸
발　　행 • 신아사
인　　쇄 • 대명프린팅
출판등록 • 1956년 1월 5일 (제9-52호)
주　　소 • 서울시 은평구 통일로 59길 4(2F)
전　　화 • 02)382-6411 · 팩스 02)382-6401
홈페이지 • www.shinasa.co.kr
E-MAIL • shinasa@daum.net

ISBN 978-89-8396-292-8 (93300)

정가 14,000원

본 저서는 포스코청암재단 아시아인문사회 연구지원 사업으로 수행하였음